Hans Ulrich Gumbrecht

California Graffiti

Bilder vom westlichen Ende der Welt

Carl Hanser Verlag

für Clara,
als Einladung

1 2 3 4 5 14 13 12 11 10

ISBN 978-3-446-23515-1

Satz: Fotosatz Reinhard Amann, Aichstetten
Druck und Bindung: Friedrich Pustet, Regensburg
Printed in Germany

Inhalt

Skizzen

Pazifischer Existentialismus

Escalon liegt auf der Mitte der Strecke, hundert Meilen landeinwärts von der Pazifikküste und hundert Meilen westlich vom Yosemite National Park. Die Heimfahrt von Yosemite, wo wir unserem Sechsjährigen und unserer Vierjährigen drei Tage Schlittenvergnügen auf regennassem Schnee »angeboten« haben (wie man pädagogisch inspiriert sagt, so als sei Erziehung ein Supermarkt), führt durch California Valley. Nichts ist amerikanischer und ländlicher als die Städte Oakdale, Escalon und Manteca in California Valley (Modesto, wo der Film *American Graffiti* spielt, liegt nur dreißig Meilen von Manteca entfernt, aber wir schaffen es nie, uns für den Umweg über Modesto zu entscheiden). Oakdale, Escalon, Manteca sind die Einkaufszentren und geistlichen Zentren einer Gegend, die sich aufteilt zwischen Kiwi-, Mandel- und Kürbisfarmen, und sie bestätigen, dass es seit den Tagen des *gold rush* hier nie Zeit für Stadtplanung gegeben hat. Aufgereiht entlang der einzigen Hauptstraße gibt es Banken und (tatsächlich) Hufschmiede, Fotostudios und *shopping malls*, McDonald's, Burger King und in Oakdale einen der seltenen Bahnübergänge, wo ich meinen Jeep Wrangler um ein Haar in einen langsam daherkommenden Western-Pacific-Zug rollen lasse, weil die Schranke nicht funktioniert. Im Dauerregen dieses Winters sieht California Valley so trostlos aus wie die Landschaft um Magdeburg. Das Tal erinnert an die depressive Szenenangabe aus *Faust I* »Grauer Tag. Feld«, und ich frage mich, ob diese Assoziation nun endlich Ernüchterung nach fünfeinhalb Jahren Einwandereuphorie anzeigt (»Emigrant« dürfe man sich nicht nennen, wenn man ohne

Not das Vaterland verlassen habe, sagte mir 1989 ein deutscher Kollege). Jedenfalls fällt Schneeregen sehr schwermütig in einer Gegend, die auf Kiwi-Ernten eingestellt ist.

Escalon ist mir die liebste unter den Perlen von California Valley. Kaum siebentausend Einwohner und nur ein paar Fuß über dem Meeresspiegel, sagt das dunkelgrüne Schild, das ich inzwischen an deutschen Ortseinfahrten vermisse. Aber statt der üblichen Embleme von Lyons-, Rotary- und Kiwani-Clubs, die in Oakdale und Manteca mit Bürgerstolz darauf verweisen, dass ihre Mitglieder die Müllbeseitigung auf soundsovielen Meilen Landstraße übernommen haben (*»Adopt a Freeway!«*), gibt es in Escalon noch vor dem Ortsschild eine Tafel zu Ehren der heimischen Highschool-Sportler: *»Escalon – Home of the Cougars: Division IV State Football Champions 1993«*. Das muss man sich klarmachen: Die Football-Teenager einer Stadt mit siebentausend Einwohnern haben Mannschaften aus San Francisco und Los Angeles bezwungen. Zu Hause wiegelt mein Sechzehnjähriger, der American Football ohne große Hoffnung spielt, je State Champion zu werden, etwas ab – nicht ohne Untertöne von Bewunderung. Es gebe mehrere Ebenen des State Champion ship, und außerdem mache die Eintönigkeit von Escalon eben jene volle (jene sozusagen existentiell-totalitäre) Konzentration unvermeidlich, welche im Football die Mutter des Erfolgs sei. Trotzdem möchte ich mehr über die Cougars wissen. Es ist fast ein heimlicher Traum geworden, eines ihrer Spiele zu sehen – zumal Escalon sonst nur durch die Zahl der Kirchen und Gemeindezentren auffällt. First Presbytarian, Methodist, Church of Christ (alle Churches of Christ haben dieselbe elementare Betonkonstruktion), Catholic, sogar Baptist – aber kein Mormonentempel.

*

Mainstreet USA in Disneyland ist also keine Hyperrealität, wie Jean Baudrillard behauptete. Denn es gibt Originale zu dieser Imitation. Ein Simulakrum mit bloß fiktionalem Original folgt etwas später auf der Heimfahrt von Yosemite. Die letzte Kordillere, die man vor der Bay von San Francisco überquert, ist von einigen tausend (schätze ich) energieproduzierenden Windrädern überzogen, imposanten Propellern auf dürren Masten, die trotzdem nicht aus dem Boden gerissen werden. Wenn ich die Augen etwas zusammenkneife, lässt sich die Illusion produzieren, diese Propeller seien die Arme von unorthodox boxenden Riesen – oder (das ist der Beitrag des fahrenden Autos zur kinetischen Illusion) der feucht sich ringelnde Ekel in einer Schachtel mit Regenwürmern.

Mit Riesen oder Regenwürmern im Rücken liegt endlich die Bay etwas bleiern, blau und grün unter einem Wolkenloch in der Sonne. Ich gefalle mir in dem willentlich heimatlosen Gefühl, dass ich dort mehr zu Hause bin als je in Deutschland, und stelle mir vor, das sei der erste Blick eines Auswanderers vom Planwagen auf das (protestantisch) Gelobte Land. Immerhin ist es so schmal wie Israel, denn gleich hinter der Bay endet die Welt ja mit dem jetzt noch unsichtbaren Pazifik. Trotz aller programmatischen Reden vom Pacific Rim, die so steril sind wie die vom Vereinten Europa (mit dem Unterschied nur, dass sich das Pazifik-Pathos aus Utopie speist statt aus Nostalgie), ist dieses Meer wirklich ein *finis terrae*. Man muss nur einmal im Nebel am Segelhafen von Santa Cruz gestanden haben, um zu wissen, dass hier nichts weiterführt. Der Pazifik ist kein Ozean zum Baden, und ich kann die Geschichte von dem Studenten-Liebhaber einer Kollegin aus Berkeley nicht vergessen, der mit seinem Segelboot unter der Golden Gate Bridge hindurch die Bay

verließ – und nie mehr zurückkehrte. Seit Pearl Harbor hat sich der Alptraum einer japanischen U-Boot-Invasion (in umgekehrter Richtung durch Golden Gate) ins Unterbewusstsein vieler Kalifornier eingefressen, und die amerikanisch-japanischen Beziehungen sind denn auch ähnlich herzlich wie die zwischen Frankreich und Deutschland. Dass sich George Bush sr. neben dem japanischen Ministerpräsidenten sitzend bei einem Bankett übergeben musste, hat ihn vielleicht die Wiederwahl gekostet.
Elf Stunden dauert der Flug von San Francisco nach Tokio-Narita, zehn Stunden und fünfundfünfzig Minuten lang schaut man nur auf Wasser. Deswegen ist das wirkliche Hawaii so unwirklich wie in den Hawaii-Filmen von Elvis Presley. Hawaii liegt in dem Nichts, das Kalifornien und Japan trennt. Die Ostküste der USA ist fünf oder sechs Flugstunden von der Westküste entfernt, was den Unterschied zur Ferne Europas unwesentlich macht. Wenn sie nicht gerade vom Alltag absorbiert sind, halten meine Nachbarn, glaube ich, diesen Osten für die eigentliche Welt, zu der sonst als eine Ausnahme noch Los Angeles gehört und wohl auch Japan (wobei nicht ganz klar ist, ob es – geographisch – im Westen oder – eurozentrisch – im Osten liegt). Zwischen Ostküste und Westküste stellt man sich unendliche Wiederholungen von Oakdale–Escalon–Manteca vor. Ist es nur eine alteuropäische Furcht, dass ich mich in ein Abseits manövriert haben könnte auf dieser vierzig Meilen langen Halbinsel zwischen San José und San Francisco, zwischen der Bay und dem Pazifik? Was wäre denn provinzieller als der Hang, die Wirklichkeit obsessiv woanders zu platzieren? Die Automarken hier heißen Honda und Toyota, BMW und Mercedes. Karosserie-Exuberanz aus Detroit ist nichts als eine Reminiszenz an Hollywoodbilder aus den fünfziger Jahren.

Beim Weiterschreiben kommt mir der Verdacht, dass solche Spekulationen über den Zusammenhang zwischen Sich-Befinden und einem Raum aussehen könnten wie »existentielle Geopolitik«, wie die Kombination von zwei spätromantischen Verblasenheiten. Aber warum hat Geopolitik überhaupt so einen schlechten Ruf? Ist das Wort unweigerlich gekoppelt an Ansprüche auf Raumquantitäten pro Individuum und auf Rechte, die aus Verwurzeltsein (Unbeweglichkeit?) entstehen? Gewiss, diese Ansprüche können nur durch die Beseitigung von anderen Körpern streitig gemacht oder verteidigt werden. Aber seit dem Völkermord, mit dem die Geschichte des uns bekannten Amerika beginnt (und vielleicht bis hin zu jenen kalifornischen Gesetzen aus dem Jahr 1994, die zur Verdrängung vor allem der aus Mexiko eingewanderten Bewohner des Staates einladen), hat hier eine andere Geopolitik dominiert. Falls es ein kollektives Bewusstsein gibt, ist es in den USA besetzt von einer Geopolitik der Perspektiven. Denn als kultureller und existentieller Ort ist Amerika nicht darüber hinausgekommen, eine Funktion seiner Verhältnisse zu jenen Räumen zu sein, die mit Kulturen unvordenklicher Tradition identifiziert werden können. In diesem Bewusstsein konvergieren hier Bewunderung (und Ressentiment) gegenüber Europa, Sehnsucht nach Afrika (zu einem nicht geringen Teil wohl von Intellektuellen erfunden), Furcht vor Asien (unter meist florierenden Wirtschaftsbeziehungen kaum verborgen) und (von Tourismus-Plakaten gemilderte) koloniale Arroganz gegenüber Südamerika. Deshalb unterhält die Universität, an der ich arbeite, elf *overseas campuses*, wo Studenten mehrere Monate ihrer vier College-Jahre zubringen sollen. Der Preis für solche Auslandsaufenthalte ist in den Studiengebühren enthalten, und obwohl sie vor allem wegen des Sprachenlernens angeboten werden, ist Oxford mit weitem Abstand am populärsten (gefolgt von Kioto). Durch nichts würde Amerika, dieser Ort, der aus seinem Verhältnis zu anderen Orten lebt, sich selbst lieber ersetzen als durch Großbritannien, nichts bringt mehr Prestige als perfekt geschriebenes Englisch, nicht einmal in Stratford kann Shakespeare populärer sein als in Stanford.

*

Was ist das für eine Attitüde, wenn ein eingewanderter Professor, der ja nicht zuletzt als Metonymie für Alteuropäisches rekrutiert wurde (wie seine Verwaltungsoberen ihm immer noch befriedigt bestätigen), behauptet, sich zwischen California Valley und dem Pazifik zu Hause zu fühlen? Er ist doch mitunter tief in seinem Stolz getroffen, wenn philippinische Tankwarte und polnische Kellnerinnen seinen Akzent mühelos als ausländisch identifizieren; peinlich berührt, weil sein Sohn im dritten Jahr Highschool schon mehr Shakespeare gelesen hat als er; sobald er darüber nachdenkt, ist er sogar beschämt darüber, dass Zu-Hause-Sein überhaupt ein Gegenstand seines Ehrgeizes geworden ist. Wenn er den Kollegen mit deutsch-jüdischem Namen spricht, der junkerhaften Stolz aus der Tatsache bezieht, dass seine Kinder »Kalifornier der dritten Generation« mütterlicherseits sind, glaubt er, einem einfachen Paradox auf die Spur zu kommen. Das hier ist eine Heimat, in der niemand – niemand mehr – so zu Hause ist, wie man in Europa zu Hause ist. Ein Akzent oder zu wenig Shakespeare machen einen noch lange nicht zum Ausländer. Fast ist der Professor nach nur fünfeinhalb Jahren versucht, auch die Hand auf die Brust zu legen, wenn die Nationalhymne gespielt wird, und manchmal bekommt er feuchte Augen, wenn pathetische Akkorde die Schlusszeile *»and the land of the free«* ankündigen.

Er ist nämlich überzeugt, dass er Kalifornien gewählt hat. Unter anderem wohl, weil er (in Spurenelementen) ein Produkt der *re-education* ist. Gerne erzählt er bei Abendeinladungen von seinem Banknachbarn in der ersten (fränkischen) Volksschulklasse und dessen schwarzem Vater, der manchmal in den Pausen seinen Army-Jeep neben dem Schulhof parkte, um Coca-Cola und *powdered milk* vorbeizubringen. Vor allem aber hat er das Angebot einer Universität angenommen, die zwar wahrscheinlich nicht ganz die beste der Welt ist, aber dafür täglich den naiv-energischen Ehrgeiz entwickelt, die beste Universität der Welt zu werden. Das gibt seinem eigenen Ehrgeiz einen Hintergrund, vor dem er nicht länger Gefahr läuft, »krankhaft« genannt zu werden – es erzeugt allerdings auch den Druck eines beständigen, harten und ganz offenen akademischen Konkurrenzkampfs. Gnadenlos und akkurat führt die Universität Buch über studentische Seminarbewertungen und Vortragseinladungen, über die Zahl der abgehaltenen Sprechstunden und die Höhe der eingeworbenen Forschungsgelder. Diese Universität, hat er entdeckt, ist getrieben von dem kaum verdrängten Gefühl, in keiner kulturellen Mitte zu sein. Immer noch, wie bei ihrer Gründung vor hundertvier Jahren, stemmt sie sich gegen die Unwahrscheinlichkeit, auf der exzentrischen Halbinsel zwischen dem Pazifik und der Bay akademische Weltklasse zu sein. Während Studenten und Gastprofessoren aus Europa hier ihr Heil suchen (und manchmal erleichtert entdecken, dass man dieses Heil – wenn überhaupt – jeden Tag gegen seine eigene Unwahrscheinlichkeit produzieren und erhalten kann), machen die amerikanischen Studenten und die Kollegen von der Ostküste einfach Druck. Das hier sei *suburban* (keine schlimmere Furcht gibt es für akademische Intellektuelle in diesem Land, als *suburban* zu sein: Sie möchten nämlich alle so aussehen, als seien sie in Paris oder wenigstens New York geboren) oder *mellow* (auch ein schwerer Vorwurf in einer Gesellschaft, die nie sozialdemokratisch regiert wurde), und außerdem habe Kalifornien schon lange die Aura des national Gelobten Landes verloren. So wird ein eingewanderter deutscher Professor (gegenüber Europäern) zum amerikanischen und (gegenüber Amerikanern) zum kalifornischen Heimat-Romantiker.

*

Was ich dabei, fürs Leben natürlich, gelernt habe: Kosmopolitismus ist (vielleicht) gerade nicht so tun, als sei man überall zu Hause. Das wussten spanische und englische Kolonialherren besser als die deutschen Nachzügler.

*

Geoexistentiell arbeiten wir also beständig gegen die Angst, diese Welt könnte sich als eine bloß auf Sand gebaute erweisen; und als wäre das nicht genug, erinnern allgegenwärtig gesetzlich vorgeschriebene Tafeln mit »Verhaltensinstruktionen für den Notfall« daran, dass wir ja wirklich neben und teilweise auf dem heftig bewegten Grund der Sankt-Andreas-Falte stehen. Die Unwahrscheinlichkeit dieser Welt lässt sich also empirisch in der über fünfzigprozentigen Wahrscheinlichkeit errechnen, mit der uns in den nächsten Jahrzehnten ein vernichtendes Erdbeben für eine lange Minute den Boden unter den Füßen wegziehen wird. Am Abend des Erdbebens im Oktober 1989 (7,1 Punkte auf der – und das ist hier von Belang: nach oben offenen – Richterskala) gab es im Fernsehen ein Luftbild von der Bay und den Lichtern ihrer Städte, und es wurde die nicht ganz rhetorische Frage gestellt, wie sehr man wohl diese Heimat lieben müsse, um hier bleiben zu wollen.

[1995]

Flüchtiges Imperium

Haben Sie schon bemerkt, dass man Dollarnoten (zumindest mache ich mit Eindollarnoten öfter diese Erfahrung) zu einem kleinen Papierball zusammenknüllen kann wie ein Stück einfaches Notizpapier? Kaum eine Spannung oder Bewegung zeigen sie an, sie falten sich nicht wieder in ihre ursprüngliche Form zurück, weder das Material noch das Design setzen solcher Desakralisierung jenen Widerstand entgegen, den wir von DM- oder Yen-Scheinen kennen, und bisweilen schiebt man mir Dollarnoten über den Ladentisch zu, die so mürbe sind, dass sie selbst von Coke-Automaten mit arrogant surrendem Geräusch abgewiesen werden. Ich fürchte manchmal, dieses Geld, das ich für meine Arbeit bekomme, könnte anfangen, Luftfeuchtigkeit zu absorbieren und seine Lesbarkeit verlieren wie südamerikanische Geldscheine, wenn sie zu lange in Umlauf waren, oder wie weiland osteuropäisch-sozialistische Banknoten, die diesen Namen schon allein wegen der aufgedruckten Gesichter von glücklichen Arbeitern und Bauern gar nicht verdienten. Heute bündeln Taxifahrer, Zimmerkellner oder Kofferträger Dollarscheine *carelessly*, und ihre Kunden sind dankbar, dass Kreditkarten ab und an die Peinlichkeit des materiellen Austauschs vermeiden helfen. Aber als ich vergangenes Jahr im Sommerurlaub Dollar *cash* gegen österreichische Schillinge eintauschen wollte, wurde ich aus der Schlange ausgesondert, weil das Gesetz der Alpenrepublik vorschreibt, meine grün-mürben Zahlungsmittel mit einem Röntgengerät auf ihre Echtheit zu überprüfen. Mit mulmigem Gefühl dachte ich wehmütig an einen deutschen Professor, der in den siebziger Jahren den Mut des politisch Konservativen bewies, als er in Anwesenheit der Fachschaft Romanistik (und aus einem Anlass, der mir entfallen ist) von Dollarnoten als dem im platonischen Sinn »eigentlichen Geld« sprach.

*

Vielleicht ist ja doch New York noch immer die eigentliche Stadt. Das zu denken und zu notieren, schien unwiderstehlich und ganz unproblematisch richtig, als ich vor ein paar Tagen an einem Rollschuhplatz im südlichen Central Park stand und mich an der die Abendsonne zurückstrahlenden Wolkenkratzerflucht zwischen Broadway und Fifth Avenue wärmte. Schon die Absicht, seine affektiven Batterien von einem berühmten Postkartenmotiv aufladen zu lassen, ist natürlich verräterisch. Nur eine Viertelstunde zuvor hatte ich meine Hände am schmiedeeisernen Zaun des Apartmenthauses entlangstreifen lassen, vor dessen Eingang John Lennon erschossen und in dessen hohen Räumen *Rosemaries Baby* gedreht wurde (es heißt »The Dakota«). Wir waren etwas hastig durch jenen Teil des Parks gelaufen, der als »Strawberry Fields« ausgeschildert ist, weil Yoko Ono für seine gärtnerische Instandhaltung aufkommt. Und dann sagte die Kollegin aus Yale mitten hinein in meine Konzentration auf Abendsonne und *cityscape*, dass sie so glücklich sei, in New York zu wohnen, weil es »das Zentrum des Imperiums« sei. Doppelte Katastrophe für den Wahlkalifornier. Ich fühlte mich deklassiert, durchschaut und zurückgeworfen auf den Status des staunenden Touristen aus der westlichen Provinz. Vor allem aber stand sie jetzt tönend im weiten Raum, die sonst meist erfolgreich verdrängte Frage, ob denn die USA noch ein Imperium und New York seine Hauptstadt sei.

Keine Frage natürlich für die eleganten (und stark, aber gekonnt geschminkten) Mittvierzigerinnen aus Alabama, mit denen wir beim Abendessen ins Gespräch kommen und die uns, als wüssten sie, dass ich trostbedürftig bin, in weichen Südstaaten-Kadenzen versichern *that they are having the time of their lives*. Ich bin ja nicht einmal der richtige Adressat für das Kompliment (wie diese Damen, an europäische Akzente bei New Yorker Intellektuellen gewohnt, vielleicht denken). Mein Gehirn ist okkupiert von den deutschen und japanischen Reisegruppen, die entlang der Fifth Avenue jener Passion obliegen, deretwegen sie willkommene Gäste sind und die meine Studenten *power shopping* nennen. Was würden sie von jemandem halten, der nicht nur seinen Beamtenstatus aufgegeben hat, sondern auch sein Geld in der österreichischen Sommerfrische vor Gebrauch röntgen lassen muss?

*

Er fragt sich, ob er den Kampf um das Selbstwertgefühl mit den richtigen Amerikanern teilt (dann würde das Leiden immerhin sein Amerikanischwerden befördern). Er sucht nach einer Zuversicht spendenden Analogie in der Geschichte, nach einer Zeit im zweiten oder dritten Jahrhundert zum Beispiel, wo Rom noch das Zentrum der von seinen Armeen geschaffenen Welt war, aber doch schon wirtschaftlich abhängig von Reisenden aus Gallien, Kleinasien und Thrakien. Leider sind seine althistorischen Kenntnisse zu beschränkt, um die ersehnte Parallele zu liefern – aber sie reichen allemal aus, um zu erkennen, dass so ein Vergleich, wenn es ihn denn gäbe, hässlich hinken müsste. In der Pause eines Eishockeyspiels fragt er seinen Freund Bliss. Der ist emeritierter Professor für Englische Literatur des achtzehnten Jahrhunderts, Hobby-Dressurreiter, Sammler amerikanischer Volkskunst, und zusammen mit dem schottischen Familiennamen suggeriert seine gelassene Eleganz das amerikanische Adelssubstitut: *old money*. Gab es nach 1929, während der Jahre der Depression, schon einmal so ein Gefühl, dass das Imperium am Ende sei? Eine positive Antwort würde erlauben, sich an das Sprichwort »Totgesagte leben länger« zu halten. Aber Bliss kann nicht helfen. Die Jahre der Depression waren die seiner frühen Kindheit, und anscheinend versteht er auch die Frage gar nicht (ob das gerade die Antwort ist?). Er erzählt von einer Theorie, der zufolge die Einstellung der Amerikaner optimistisch und zupackend bleiben soll, solange es innerhalb der Grenzen der Vereinigten Staaten noch hinreichend Land zu kultivieren gibt. Der Fragende ist zurückgeworfen auf seine eigenen historischen Induktionen. Das Reemtsma-Olympiaalbum von 1936, das sein Dortmunder Großvater gekauft und mit Klebebildchen gefüllt hat, schreibt mit unverhohlener Bewunderung von der »siegbringenden Zuversicht« der amerikanischen Sportler und Mannschaften, die doch aus der Depression kamen. Wirken sie immer noch so, wenn sie in Europa starten? Das *dream team* der Basketballer schon. Aber der gut fünfzigjährige George Foreman ist bestimmt kein Joe Louis, weshalb er wohl dankbar wahrnimmt, dass Axel Schulz, der sein Sohn sein könnte, auch nicht wie Max Schmeling boxt.

*

So komme ich nicht weiter. Wenn mich einer der *power shoppers* in New York anspräche auf die Kurzatmigkeit des Giganten USA, ich könnte ja wohl nicht im Ernst mit der Tatsache kontern, dass Millionen europäische Kinder T-Shirts mit den Logos amerikanischer Mannschaften tragen. Und wenn mich einer fragte, warum in Washington keine Außenpolitik mehr gemacht wird? Ich könnte die Verzagtheit in der politischen Hauptstadt nicht einfach auf die Menschenketten deutscher Grüner und Kindergärtnerinnen und auf die beleidigten Manifeste von Literaten aus der Dritten Welt schieben oder auf einen Präsidenten, der kaum mehr aufzuweisen hat als guten Willen und eine (nicht einmal umwerfende) Portion Charme. Mit einer weichen Währung in der Tasche (und dem entsprechend mulmigen Gefühl im Bauch) ist keine Weltpolitik zu machen. Eher entdecken die Amerikaner gerührt, dass sie ja statt des teueren Europas oder das noch teurere Asien immer noch ihre Nationalparks bereisen könnten. Sie sammeln *antiques* aus den eigenen vierziger und fünfziger Jahren, freuen sich an der Traditionsbewusstheit von Baseball, kultivieren erstklassige Weine und gastronomisches Niveau und freuen sich (falls sie Intellektuelle sind) darauf, dass sie in naher Zukunft wohl politisch kein schlechtes Gewissen mehr wegen ihrer Pässe haben müssen. Gepflegt-reflektierte Selbstzuwendung, das könnte ein letztes Kapitel und zugleich der Abschied des amerikanischen Imperiums sein.

Aber reflektiert-kultivierter Selbstzuwendung wollte er doch gerade entkommen, als er nach Kalifornien gezogen ist, gesteht er sich in Momenten etwas harscher Selbstaufrichtigkeit ein. Er wollte da sein, wo man den wirklichen Problemen ins Auge sieht und wo die wirklichen Entscheidungen fallen. Kein ethisch lobenswertes Motiv, aber auch nicht die Illusion, an wirklichen Entscheidungen je teilnehmen zu dürfen. Er wollte ihnen bloß physisch nahe sein. Warum die mit dem harten Yen und der starken DM immer noch nach San Francisco und nach New York kommen, wenn das hier gar nicht mehr das Imperium ist? Auf die Naturschönheiten will er sich, falls er denn je zu antworten hätte, nicht verlassen. Aber Amerika bringt immer noch die besten Stars, die besten Filme, die besten Shows hervor. Nicht an Ronald Reagans Haus fahren die Touristenbusse in Los Angeles vorbei, sondern an den Villen von Paul Newman und Steven Spielberg, von Meg Ryan und Michael Douglas. Marilyn hat hier gewohnt, und das Gebäude in Las Vegas, wo Elvis seine letzten großen Konzerte gab, liegt nur eine Flugstunde entfernt. Vor achtzehn Jahren hat eine anonyme (inzwischen längst vertraute) Stimme Elvis Presleys letzte Zuschauer, die ein Dacapo wollten, mit dem historisch gewordenen Satz zur Ruhe gebracht: *»Ladies and gentlemen, Elvis Presley has left the building.«* Das Las Vegas, an dem Al Pacino als Michael Corleone (vor allem) im zweiten Teil des *Paten* gebaut hat, möchten die Touristen lieber sehen als das Weiße Haus und Graceland in Memphis, Tennessee, lieber als die Nachbildung jenes durch den Unabhängigkeitskrieg legendär gewordenen Schiffes im alten Hafen von Boston (man kann dort Teeballen aus Plastik, die an Ketten befestigt sind, ins Wasser werfen – und schnell wieder herausziehen).

*

Wahrer Trost fließt mir endlich aus der *New York Times* zu, auf die man sich verlässt, weil sie schonungslos und solidarisch gegenüber den Interessen der Amerikaner ist. Sony, lese ich dort, weiß, dass es Hollywood braucht, um auch in Zukunft seine immer auflösungsmächtigeren Bildschirme zu füllen, und Sony hat gelernt, dass die Unterhaltungsindustrie versauern müsste, wenn das japanische Kapital Hollywood überwältigte.

*

Die große Zeit und die große Geschichte der Westküste liegen in erinnerten Filmbildern. Lieber als irgendein Senator und lieber als der arme kalifornische Präsident Hoover, der am Schwarzen Freitag 1929 im Weißen Haus saß, möchte ich der »deutsch-irische« Adoptivbruder von Michael Corleone sein (er heißt Tom Hagen). Im ersten Teil des *Paten*, Sie erinnern sich, fliegt er in einer viermotorigen Super Constellation von New York nach Los Angeles, um Johnny Fontane (dessen Figur Frank Sinatra nachempfunden ist), einem Schützling des Paten Vito Corleone (Marlon Brando), eine für seine Karriere wichtige Rolle in einem Film zu beschaffen. Tom Hagen reist im dreiteiligen grauen Anzug, mit Hut und einer schwarzen Aktentasche. Sein Ticket lässt nur Zeit für eine einzige Unterredung und eine einzige Übernachtung in Hollywood. Diese Episode entfaltet sich um das famose Zitat vom Mafia-Angebot, »das man nicht ablehnen kann«, und sie endet mit einer Szene, die so berühmt geworden ist wie Marilyns fliegender Rock über der New Yorker U-Bahn-Entlüftung: der blutige Pferdekopf im Bett des Filmproduzenten Woltz (der übrigens dieselbe Villa bewohnt wie Whitney Houston in *Bodyguard*).

Auch hier besiegt New York Kalifornien, könnte man einwenden. Aber nur wenige Jahre später, im zweiten Teil der Trilogie, beginnt die Familie des Paten in Las Vegas zu investieren. Im dritten Teil werden Macht und Kapital dann wieder zwischen New York und Europa bewegt. Wenn ich nach jener Zeit suche, als die amerikanische Wirklichkeit an der Westküste lag, stoße ich auf ein neues und unbequemes kalifornisches Gefühl von Geschichte. Ich stoße auf einfallslose Bungalows aus der Zeit der Jahrhundertmitte (sie heißen *Eiklers* nach dem Architekten, der den Prototyp entwarf) mit sperrholzartig dünnen Wänden und naturbejahend großen Fenstern, umgeben von Gärtchen in japanischem Stil, durch die sich brutal asphaltierte Wege ziehen (*Eiklers* sind längst die Ladenhüter der Immobilienmakler). Ich erinnere mich an People's Park im Zentrum des ehemals revolutionären Berkeley, wo Joan Baez *We shall overcome* gesungen haben soll. Einmal war ich sogar dabei, als sich nach einem Live-

Auftritt der mittlerweile fünfzigjährigen Beach Boys nach einem Footballspiel bleierne Beklommenheit über fünfzigtausend Zuschauer breitete. Denn all das, das wirkliche Kalifornien, war erfunden worden, um immer Zukunft zu bleiben, weil die Zukunft im Westen lag und der Westen am Pazifik endete. Noch dass der Studentenprotest gegen solche Selbstzufriedenheit des kapitalistischen Lebens hier begann, gehorchte derselben Raum-Zeit-Logik.

*

Während ich an einem regnerischen Frühlingsnachmittag mit den Fingern auf den Tasten meines Macintosh Power Book 160 (doch noch ein kraftvoller Name aus Kalifornien) der Geschichtlichkeit der Westküste nachspüre, lernt mein Sohn zu Hause, hoffe ich, amerikanische Geschichte des Zweiten Weltkriegs für die *finals* seines vorletzten Schuljahrs. Das überaus erfolgreiche Buch, vor dem er sitzen soll, hat einer meiner Kollegen geschrieben, und so sehr ich Autor und Leser um ihre Faktenkenntnis beneide, so wenig kann ich mich durchringen zu der Überzeugung, dass sich amerikanische Geschichte so schreiben lässt wie die Geschichte europäischer Nationen. Natürlich kann man Schlachten, Wahlen, Wahlschlachten und Wirtschaftskrisen in eine lineare Erzählung packen. Aber hat sich nicht Geschichtlichkeit, sein eigenes Gefühl von Geschichtlichkeit, erst über dieses Land gelegt, seit es jene unbewusste Gewissheit der eigenen Stärke verloren hat, mit der es mühelos Weltpolitik betreiben konnte? Geschichtlichkeit als melancholische Selbstzuwendung ist dabei, die Amerikaner von all jenen Stilmängeln zu befreien, deretwegen sie in Europa immer noch belächelt werden. Die Europäer ihrerseits ahnen kaum, dass sie eines Tages wegen der Weine von Napa Valley und wegen der Restaurants von San Francisco hierher fliegen werden. Jedenfalls kann ein Land, für das die Geschmacksnuancen der Coquilles Saint Jacques wesentlich geworden sind, nicht mehr *the land of the free and the home of the brave* sein. Es ist nicht mehr die Nation, welche ihre Einwanderer bei der Ankunft belohnte mit dem Wörtlichnehmen des Versprechens, dass ihre Vergangenheit nun hinter ihnen liege. Der romantisch-brutale Kapitalismus, der den Staat kleinhalten will und die Folgen seiner eigenen Dynamik nur in den Zahlen von Wachstumsraten messen kann, ist jenem sozialdemokratischen Kapitalismus unterlegen, der den Staat bedenkenlos für sich arbeiten lässt und voll guten Gewissens für die sozialen Kosten seiner eigenen Gewaltsamkeit aufkommt. Staublunge ja, aber nicht ohne Lungensanatorien. Das allerdings ist nicht das Erfolgsrezept der japanischen Wirtschaft. Und wenn ethnische Homogenität der Vorteil wäre, den Japan, Korea und die europäischen Nationen gegenüber Amerika haben? Dann wüsste er nicht nur, dass, sondern auch warum er lieber in Amerika lebt. Und er könnte den *power shoppers* mit wiedergefundener Fassung antworten, dass Amerikas Probleme vielleicht nichts anderes sind als die Probleme ihrer europäischen oder ihrer japanischen Zukunft.

*

Ob sich ihr Alltag ändern wird, nun, da die Westküste die eigene Geschichtlichkeit in gerührter Selbstzuwendung entdeckt? Noch ist dieser Alltag unschuldig wie Sex in einer Quäker-Familie. *Early to bed and early to rise makes the man healthy, wealthy, and wise*, pflegte mein Englischlehrer nach dem Schulgebet mit fränkischem Akzent und einem Schuss Studienratssadismus zu zitieren. Gesund schon, denke ich. Um halb sieben morgens läuft das Leben auf vollen und freundlichen Touren, und am Ende des Tages lebt man nicht in der gnadenlosen Verpflichtung, bei privaten Einladungen bis Mitternacht ausharren zu müssen, um das Seine zur Benotung des Abends als »gelungen« beizutragen. Die Grenzen der institutionalisierten Zeit sind mild. Für die Minderheit der Studenten, die gerne nachts arbeitet, bleibt die Universitätsbibliothek bis Mitternacht geöffnet, Supermärkte warten geduldig auf Kunden rund um die Uhr, noch nie hat mich ein Hausmeister für einen Einbrecher gehalten, weil ich an einem Sonntag in meinem Dienstzimmer arbeitete. Stress jener Art, wie ihn die Organisation der Sommerferien auf den Bahamas während der Skiferien in Klosters macht oder wie ihn die Instandhaltung des Ferienhäuschens in der Toskana mit sich bringt, diesen Stress, den meine Freunde in Deutschland haben, kennt man hier kaum. Dazu reichen die Gehälter nicht aus und schon gar nicht die Ferientage (kaum vierzehn im Jahresdurchschnitt). Ein einziger Bildungsurlaub pro Leben (in Europa natürlich) ist die Normalerwartung. Kirchliche Hochfeste wie Ostern oder Weihnachten schließlich verlieren ihre Schärfe, wo man weiß, dass die Nachbarn *passover* oder Chanukka feiern.

[1995]

Nationales Trauma

Der Ort des allersubtilsten Affirmationsterrors sind französische Autobahnen. Braungrundige Tafeln treiben ein sadistisches Spiel mit dem Minderwertigkeitskomplex aller anderen gegenüber Frankreich. *»Besançon – ses horloges«. »Honfleur – son cidre«. »Montélimar – ses nougats«.* Wie ein Pfahl im psychischen Fleisch fordert das Possessivpronomen, dass niemand Honfleur sagen kann, der nicht sofort an »seinen« trefflichen Apfelmost dächte, und niemand Nugat denken darf, ohne mit der zähen Süße dieses Konfekts Montélimar zu assoziieren. Was die nationale Kultur angeht, kennt Frankreich keinen Spaß. Aber als in Europa geborener kalifornischer Gast, dessen Ruf sozusagen von vornherein ruiniert ist, kann man sich es fast schon wieder leisten, über die Inflexibilität der französischen Sprache und über die Xenophobie ihres Lexikons zu lästern. Ist das eine Reaktion des Imperialismus aus dem immer noch übermächtigen Amerika? Mein österreichischer Freund Ulrich schreibt, er könne »das diffuse Gefühl von Schwäche« nicht verstehen, das die USA derzeit heimsucht. »Ich vermute, hier wird eine Art Melancholie empfunden, die aus der Omnipotenz und Omnipräsenz erwächst.« Aber bitte schön, Ulrich, wie soll ich mich denn an der Omnipotenz einer Nation erfreuen, deren Mittelstand in demütiger Dankbarkeit verfolgt, wie andere Nationen ihre Währung gesundpäppeln? Was ist eine militärische Omnipräsenz wert, wenn die zuständigen Regierenden buchstäblich nicht wissen, ob sie etwas mit ihr anfangen können – und noch viel weniger, wie sie sie in Zukunft finanzieren sollen? Noch den Optimismus meines kalifornischen

Kollegen Jeffrey halte ich für ein Krisensymptom (so stolz ich auch bin, wenn er mich in die erste Person Plural einschließt): Wir werden zu wirtschaftlicher Weltherrschaft zurückkehren, weil unsere Unternehmer früher als die Europäer und Japaner mit strukturell notwendigen Sparmaßnahmen begonnen haben. Als sei Sparen dem Kapitalismus je gut bekommen. Ich kann jedenfalls keinen Anlass für die Welt sehen, vor einem bevorstehenden neuen Frühling amerikanischer Macht zu erzittern. Trotzdem gibt es einen Grund für die fortgesetzte Dämonisierung des gar nicht mehr existenten US-Imperialismus. Omnipräsent und recht potent sind die Vereinigten Staaten nämlich da, wo sie es bis heute nicht einmal selbst wagen, sich ernst zu nehmen: in der Kultur. Das gilt trotz des allmächtigen Leo Kirch nicht nur für B-Movies oder für *fast food*, sondern ebenso für die Filme, welche Intellektuelle glauben, gesehen haben zu müssen, für Symphonieorchester und Opernensembles, für T-Shirts und Baseballmützen, für Universitäten und Romane.

*

Der Schock über den Triumph der amerikanischen Kultur sitzt so tief, dass gegen ihre Omnipräsenz Matjesheringe, Cidre und Blockflöten aufgeboten werden und dass selbst das aufgeklärte Kalifornien – ohne Glauben an seine unaufgeklärte und mächtige andere Hälfte – Mariachi-Musik, Sushi-Bars und manchmal sogar Makramee gegen sie aktiviert. Aber solche Affirmation des essentiell Unamerikanischen läuft ins Leere, weil es das essentiell Amerikanische in der Kultur nicht gibt. Amerikanische Kultur ist nicht ein Spektrum von »amerikanischen Inhalten«, sondern die Fähigkeit eines New Yorker Orchesters, Leipziger oder Dresdener Klangqualität zu assimilieren, ohne sie zu imitieren. Amerikanische Kultur ist die Flexibilität einer privaten Universität, ihre (durchaus begrenzten) finanziellen Ressourcen so einzusetzen, dass der neuberufene Chemiker aus Utrecht unter den produktivsten Laborbedingungen arbeiten kann; ist die Nichtexistenz der Frage, ob Marlene Dietrich als Ufa-Star oder als Hollywood-Star verbucht werden darf, ist – um die Harmonie des Kompliments dissonant werden zu lassen – die Vollendung einer Tradition afroamerikanischer Musik in der Stimme des erklärten Rassisten Elvis Presley.

*

Während ich rasch noch – fast schon atemlos tippend, als wollte mich jemand nicht ausreden lassen – zum Besten geben möchte, dass darin genau die Impotenz der Europa-Euphorie liegt, sich essentialistisch verstehen zu wollen, fragen Sie ebenso höflich wie unüberhörbar ironisch zurück, wo denn bei meinen wallenden Gefühlen für die USA das Negative bleibe. Nein, es ist nicht der Ku-Klux-Klan, *»them guys in white bedsheets«*, wie Forrest Gump mit dem Augenmaß des wahren Historikers sagt. Angst macht mir eher der Dialog zwischen Bob Packwood, einem Senator aus dem grünen Oregon, Kaliforniens nördlichem Nachbarstaat, und dem Ethics Committee des Senats. Am 7. September 1995 räumte Packwood seinen Senatssitz, weil er parlamentarischen Einfluss an Lobbyisten verkauft hat und »sexuellen Fehlverhaltens« überführt worden ist. Aber welcher Senator (in welchem Land) würde denn wohl Wahlkampfspenden von einem Unternehmer zurückweisen, mit dem er sich einig darin ist, dass Steuersenkungen das Gebot der Stunde sind? Wirklich unheimlich in der mehr als zehntausend Seiten starken Dokumentation über den gefallenen Senator sind allein die Passagen über Sex: *»He pressed his lips against mine, opened his mouth, and stuck his tongue into me«*, berichten –

wie aus einem Munde – gleich ein Dutzend Sekretärinnen und Polit-Assistentinnen aus Washington. Mehr nicht, aber das immer wieder. Dass es zu mehr als »ein paar gestohlenen Küssen« (Packwood) anscheinend nie kam, macht den glitschigen Machtmissbrauch des Senators keinen Deut besser, aber der Sachverhalt verführt mich zu der (wenn es das gibt) negativen Phantasie, Packwood könnte vielleicht gar keine Steigerung des *French kissing* gekannt haben. Die komische Variante zu dem monströsen Packwood (bei der man sich aber nicht weniger mulmig fühlt) ist unser siebenundzwanzigjähriger Freund aus Montana, Absolvent einer Elite-Universität und Immobilienmakler, der sich fast mit Selbsthass bemüht, der Meinung beizustimmen, dass die Spannung des erotischen Klimas in Kalifornien gegenüber Brasilien oder Süditalien zu wünschen übrig lässt: »*You are absolutely right. It's a shame how little Americans know about contraceptives.*«

*

Gnadenlose soziale Kontrolle wacht im weißen Amerika darüber, dass Sexualität nur dann thematisiert wird, wenn es um die Verhinderung von Geschlechtskrankheiten und Vergewaltigungen oder um die Ermöglichung oder Verhinderung von Schwangerschaften und Schwangerschaftsunterbrechungen geht. Gibt es einen Zusammenhang zwischen dieser kollektiven Phobie und der Tatsache, dass fünfundneunzig Prozent der Amerikaner an Gott glauben und nicht viel weniger allsonntäglich den Gottesdienst besuchen? Man wird Gott so viel Schuld wohl nicht ungestraft zuschieben können. Eine Spezifizierung ist angebracht. Die Verbannung des Sexuellen mag mit dem besonderen Profil eines puritanischen Gottes zu tun haben, der makellose Rationalität verlangt und der auch noch außerstande ist, jemals ein Auge zuzudrücken (dem exakten Gegenteil also von Niklas Luhmanns sympathisch-katholischem Gott, der seinen Part als Kontingenzmetapher spielt). *Pro-choice* und *Anti-choice* zum Beispiel ist ein scharfer Gegensatz zweier höchst rationaler (und deshalb in der amerikanischen Gesellschaft religionsfähiger) Positionen: Man optiert entweder für eine Instrumentalisierung des weiblichen Körpers unter dem Ziel biologischer und gesellschaftlicher Arterhaltung oder für seine Instrumentalisierung unter dem Ziel individueller Erfüllung in Beruf und Partnerschaft. Nicht thematisierungsfähig ist jene Sexualität, die sich nicht an- und abschalten lässt, die selbst für die großen Erotomanen bisweilen lästig wird (wie es Luis Buñuel am Ende seiner Autobiographie mit der tragikomischen Größe des Prostatikers beschreibt) und die vor allem nichts mit der forcierten Freude eines Pfadfindercamps zu tun hat. Sie wird verschwiegen, jene Sexualität, der man ausgeliefert ist und der man sich bestenfalls stellen kann wie ein romantischer Held seinem Schicksal.

*

Ich kenne zwei Zeitschriften aus dem ersten Jahrhundertdrittel – *Alma española* in Madrid und *Caras y caretas* in Buenos Aires –, die ihre Leser lange Zeit mit Artikelserien über »nationale Physiognomien des Verbrechens« faszinierten. Die Frage, denke ich, ist heute so veraltet wie produktiv. Packwood führt als Senator (kleindimensioniert, aber mit penetrantem Mundgeruch) die Phalanx all jener Amerikaner an, die – oft als Todesbringer, manchmal als komische Helden – die Spannung einer namenlosen Sexualität, unter der sie litten, an anderen entluden. Mit fünfzehn Jahren, über zwei Meter groß und zweieinhalb Zentner schwer, steht – sehr hilflos im Zweireiher – Edward O'Brien jr. vor Gericht in Somerville, Massachusetts, wo sein Großvater Polizeidirektor war. Er hat die zweiundvierzigjährige Mutter seines besten Freundes sechzigmal mit einem Messer durchbohrt, und der Staatsanwalt – berichtet die *New York Times* – sucht nervös nach einem möglichen Tatmotiv. Sie erinnern sich vermutlich an den mittlerweile zum Bundesrichter erhobenen Clarence Thomas, dessen Ernennung fast daran gescheitert wäre (und, will ich betonen, schon aus Stilgründen hätte scheitern sollen), dass ihm als Anmache für seine Mitarbeiterin Anita Hill nichts Besseres einfiel als die peinliche Bemerkung, dass »das da oben auf der Coke-Dose wohl ein Schamhaar« sei. Kein wirklicher oder erfundener Kriminalfall aber hat mich je so abgestoßen (und, will ich zugeben, fasziniert) wie die Ermordung des dreijährigen Michael und des einjährigen Alexander durch ihre Mutter Susan Smith aus Union, South Carolina. Am Abend des 25. Oktober 1994 schnallte Susan Smith die beiden Kinder auf dem Rücksitz ihres Mazda an und ließ das Auto in einen abgelegenen Teich rollen. Wahrscheinlich haben Sie irgendwann gelesen, dass es ihr danach gelang, die Nation über neun Tage in kollektivem Mitleid zu halten mit der Behauptung, sie sei von einem (schwarzen, wie anders?) Mann mit vorgehaltener Pistole aus dem Auto gezwungen worden, und dieser Mann habe sich dann mit ihren Söhnen und dem Auto aus dem Staub gemacht. Doch mehr als die gelungene Maskerade der Susan Smith machen jene Einzelheiten die Geschichte zu einem Alptraum, die sich nicht einer erzählerischen Logik unterordnen lassen. In den Vigilien und Gottesdiensten für die vermeintlich entführten Kinder übernahm Susan Smith' Stiefvater Beverly Russell den Part des Vorbeters. Während der Gebetspausen ließ er sich Fellationes seiner Stieftochter angedeihen. Ansonsten war die Supermarktverkäuferin Susan eine der Geliebten von Tom Findlay, dem etwa vierzigjährigen, schon etwas feisten stadtbekannten Playboy von Union, der Nacktbadepartys organisierte – und es offenbar nie nötig hatte, Susan einen Heiratsantrag (mit oder ohne Bedingungen) zu machen. Susans Anwalt behauptete, sie habe gehofft, ohne Kinder interessanter für ihren Liebhaber zu sein. Als sie im überregionalen Fernsehprogramm erschien und um das Leben ihrer Kinder flehte, trug Susan ein Sweatshirt der Auburn University, Findlays Alma Mater. David Smith, der Vater der Kinder, nahm gerne an den Gebetsstunden von Beverly Russell teil, wusste von Susans Verhältnis mit Tom Findlay und hatte selbst eine Geliebte, die Susan und Tom beschatten sollte. Ab und an aber, wie es schnippisch in seinem flugs veröffentlichten Buch-zum-Verbrechen heißt, betrog er sie mit seiner Ehefrau. Den Grabstein der ermordeten Kinder zieren ein Farbfoto, je zwei eingemeißelte Teddybären und Baseballmützchen mit den Initialen M und A. David Smith »hasst Susan nicht mehr, nur noch das, was sie tat«. Susan Smith möchte nach ihrer Entlassung aus dem Gefängnis (frühestens in fünfunddreißig Jahren) wieder Kinder haben. Dazu wird es der Hilfe Gottes bedürfen. In der Kindheit ist Susan Smith von ihrem natürlichen Vater sexuell belästigt worden.

[1995]

Fröhliche Hygiene

Executive blouses, lesen Sie das bitte laut, lassen Sie sich die beiden Wörter, die eher, gebe ich zu, eine Obsession meiner verbalen Phantasien sind als ein Teil des amerikanischen Lexikons, auf der Zunge zergehen (falls die sich nicht dagegen sträubt), und Sie wissen, warum ich ein Damenblusen-Hasser bin. Schon fesche Blusen zwischen München und Mailand sind mir peinlich für die Damen, die sie tragen, und können jedenfalls nicht klimpern an der Faszination von Nickis und weißen T-Shirts. *Executive blouses* aber, die puritanischen Schwestern der feschen Blusen, getragen von Maklerinnen, Internistinnen und anderen im Gelobten Land derer, die durch die Geschlechtergleichstellung zu sechsstelligen Jahresgehältern gelangt sind (nie allerdings Kellnerinnen oder Friseusen), *executive blouses* fürchte ich mehr als das Messer meines Vaters (der immerhin Chirurg war). Sie sind Antworten auf die Frage, wie viele gnadenlos gerade Falten sich auf einer weiblichen Rumpfvorderseite von einem bis zum nächsten Bügeltermin instand halten lassen. Sie exekutieren Todesstrafen für nach Transparentem suchende Blicke, die auf der Textiloberfläche brutal umgebogen und als langfristig zur Erblindung führende Strahlen ätzend ins männliche Auge zurückgeschickt werden. Am ärgsten aber bedrohen mich, der ich in meinem deutschen Leben allein wegen des Emblems weite Bögen um alle Wöhrl-Filialen machte, die vielfältigen Lösungen des Knopfproblems. Die asymmetrische Lösung zum Beispiel: auf der linken Blusenseite von Schulter bis Gürtellinie gnadenlos durchgeknöpft (wie die Männerblusen der russischen Mystiker und der Nihilisten vor der Oktoberrevolution). Der kunsthandwerklich elaborierte Hermitenknopf in der Mitte einer Schließe, die keimfrei und ohne Würgen den subzephalen Körper versiegelt. Die Blendenlösung, brechreiztreibend in ihrer Reinheit, wo eine Falte aus Blusenstoff, die nur wenig breiter ist als das Grundelement des Fältchengesamtspiels, die Knöpfe bedeckt und doch dezent deren Abdruck wiedergibt. *Executive blouses* sind weiß, creme- oder fliederfarben, blaßrosa und niemals, schwöre ich, niemals befleckt. Arbeitsfrühstück, Businesslunch, das ist ihre Botschaft, Arbeitsdinner, bis zu fünfzehn *(decaffeinated)* Kaffees und mehrere Gläser gekühlten Chardonnays können sie täglich immakulat (sowieso ohne Transpirationsränder) über sich ergehen lassen. Lynn spricht beim Durchstehen des Stehempfangs mit demselben mild-kompetenten Lächeln über die erfüllte Sexualhygiene mit Rob wie über das Börsenklima oder den Aids Memorial Quilt, an dem ihre beiden Kinder im Kreativitätsprogramm arbeiten. Wir gehören ihren Brüsten, summen dann leise die Knöpfe unter der Leiste, aber die sind nicht hier, und vielleicht stehen sie überhaupt nur für die jährliche Krebsvorsorgeuntersuchung zur Verfügung.

*

Daisy Duck, das ahnten ihre Verehrer schon lange, hat einen Schrank voll *executive blouses* – kein Wunder also, möchten wir folgern, dass Donald nie eine Schnitte abkriegt und zum unglücklichen Opfer seiner Konzentrationsstörungen und Wutanfälle wird. Doch Daisy trägt auch Schuhe, die das Prädikat »sexy« verdienen, und hat vielleicht sogar das Zeug, die Domina von Entenhausen zu werden, während Lynn gerade die Sanftheit von Robs Herz liebt, von dem sie weiß, dass es ohne weiteres unter einer Blusenblende pochen könnte. Als ich Daisy Ende letzten Jahres in Disneyland sah, war, bezeichnenderweise, meine ich, ihr Stoffbürzel angeschmuddelt, was aus der Sicht der Disney Corporation den Tatbestand einer Nachlässigkeit erfüllte, deren Meldung mit einem Coupon über zwei Nächte in einem Disney-Hotel unserer Wahl belohnt worden wäre. Freilich brächte ich es nie übers Herz, Daisy wegen einer Normabweichung mit Inkarnationseffekt zu verpfeifen, und ich will deshalb auch vom Ton ironischer Distanz in eine Laudatio für die leicht überlebensgroßen Figuren umspringen, die die Disneyländer der Welt bevölkern. Sowieso verbirgt sich ja hinter solcher Standard-Ironie nichts als das Ressentiment der Intellektuellen gegenüber einer Welt, die sich nicht an die von uns halsstarrig vertretene Unterscheidung zwischen Wirklichkeit und Fiktion hält. Nie habe ich jedenfalls diese Figuren bei einer Überschreitung des Gebots ertappt, keine Stimme zu haben. Bei jedem Wetter gelingt es ihnen, so vertrauten Temperamenten wie Captain Hook, Goofy, Behörnchen und Cinderella ohne Worte räumliche Dimension zu verleihen. Man muss als Amerikaner geboren sein, um diesem Angebot gerecht zu werden, um ohne weiteres »Hi Goofy« zu sagen, Kugelschreiber und Autogrammbuch unter die Sehschlitze von Behörnchen zu halten und für das Erinnerungsfoto mit Cinderella so zu posieren, als gäbe es nicht einen Körper unbestimmten Geschlechts unter der Maske. Keinesfalls aber sollte man so ehrgeizig mitspielen wie jüngst ein Deutschlehrer aus Marbach, der Captain Hook auf Möglichkeiten der Lösung seines Konflikts mit Peter Pan ansprach, denn so ein Thema überfordert das auf Körpersprache eingeschränkte Gegenüber. Das ist ja die Utopie des Fun-Parks, dass man sich in gar nichts verstricken kann, dass über Fotos und Autogramme hinaus die Interaktionen mit Minnie und Donald folgenlos bleiben, so wie das Leben, sieht man einmal von Daisys Bürzel ab, spurlos an ihnen vorübergeht und auch dann keine Soßenflecken hinterließe, wenn Beauty und Snow White *executive blouses* trügen.

*

He passed on bedeutet »Er ist tot«, als könnte man sich diesen letzten Wunsch erfüllen und einfach weiterlaufen, vom *Worldland* zum *Heavenland* sozusagen, wie von *Critterland* nach *Tomorrowland* bei Disney, ohne Folgen und mit Organen, die nie ranzig würden, so wie sich nach anfänglichen Unsicherheiten hinsichtlich der Schnabelform Donald Duck ja auch nie mehr verändert hat. *She is fighting cancer* heißt, komplementär dazu und seit dem heroischen Beispiel der Präsidentengattin Betty Ford, nach der alle Krebsforschungszentren und Krebssterbeasyle der Nation benannt zu sein scheinen, seit Betty Ford heißt »Krebs haben« einfach *fighting cancer*, denn niemand soll der Versuchung verfallen, Krebs zu haben, ohne ihn zu bekämpfen wie Sankt Georg den Drachen. Wie auch immer man sich dann den Tod des zu besiegenden Krebsdrachens vorstellen möchte, offenere Augen gegenüber dem Tod als die Augen Betty Fords könnte sich nicht einmal Heidegger gewünscht haben und auch nicht mehr Gelassenheit als die im Begriff des *passing on* aufgehobene, obwohl er, da dürfen wir sicher sein (hätte man ihn je danach gefragt), wohl lieber die nur halbgeöffneten Augen des hinscheidenden François Mitterrand vor dem eigenen geistigen Auge gehabt hätte als die Rehaugen einer abgehärmten Amerikanerin unter mittelschwerem Makeup. Es ist freilich nicht ausgemacht, wer dem Krebs mit den offensten Augen in die Stielaugen blickte, denn Mitterrand hat zwar vor seinem Ableben etwas Literarisches über das Sterben geschrieben, wofür er gute Zensuren in den anspruchsvolleren Nachrufen bekam, aber doch nur aus der

Perspektive des eigenen Eingehens in die Unsterblichkeit, während die kämpferische Betty Ford ganz gewiss bis ans Ende auf die lebensverlängernde Weltlichkeit jeder Chemotherapiesitzung gepocht hat. Die amerikanische Presse war also schlecht beraten, von *Mitterrand's battle against prostate cancer* zu schreiben, denn die Größe europäischer Präsidenten wird immer noch daran erkannt, dass sie es für unter ihrer Würde halten, Schlachten wie die gegen ihren eigenen Krebs zu kämpfen.

*

Wäre es aber vorstellbar, um bei toten Präsidenten zu bleiben, dass man an der Rezeption des Fort Fun-Hotels in der Nähe von Meschede Prospekte der Heinrich Lübke-Gedächtnisstätte in Enkhausen, Sauerland, fände, so wie beim Disneyland-Hotel in Anaheim, Kalifornien, für die *Richard Nixon Library & Birthplace, Yorba Linda, CA, just 15 minutes away from Disneyland* geworben wird? Das ist wohl nicht ganz ausgeschlossen, müssen Sie zugeben. Und warum sollte man überhaupt nach Enkhausen oder Yorba Linda fahren? Zu lernen gibt es da nichts und auch kaum etwas zu sehen, woraus wohl folgt, dass es um Magie geht, um das Erzwingen der unmöglichen Gegenwart des Vergangenen durch Gegenwärtigsein an einem Ort. Magie will das, was an einem Ort einmal geschehen ist, entweder wieder geschehen lassen oder ungeschehen machen. In Yorba Linda soll uns also wieder ein Richard Nixon geboren – oder aber Amerika von Richard Nixon erlöst werden. Dass kein Besucher genau dies denkt, bedeutet kaum, dass historische Gedenkstätten nicht genau so funktionieren. Nicht einmal die deutsche Kultusministerkonferenz würde ja daran festhalten wollen, dass all die jetzt in Berlin entstehenden Geschichtsmonumente deshalb gebraucht werden, weil man ohne sie Gefahr liefe, eines

Morgens den Holocaust aus dem Gedächtnis verloren zu haben, oder weil Geschichtslehrer nur mit auf die Reste des Führerbunkers gerichtetem Zeigefinger ihren Schülern klarmachen können, dass etwas faul war am Dritten Reich. Worum es geht, ist – bis ins technische Detail – eine Variante des Entsorgungsproblems in der Dimension von Geschichtlichkeit. Die Vernichtung von materiellen Resten der Geschichte kann, das wissen wir, unkontrollierte Mythenproliferation in Gang bringen. Ihre Erhaltung andererseits kann Kultstätten stiften, Serien zwanghafter Wiederholung auslösen, aber auch Hoffnung auf Erlösung von Geschichte offenhalten. Wir sind gerade dabei, solche Modi von Geschichtsentsorgung wieder wahrzunehmen. Zu unserer Verfügung stehen sie aber deshalb noch lange nicht.

*

Um der Gefahr vorzubeugen, auf diese beherzte Reflexion hin nun von gewerkschaftlichen Bildungs- und evangelischen Studienwerken zu Wochenendseminaren im Harz oder Taunus eingeladen zu werden, sollte ich gleich zugeben, dass mich Yorba Linda und selbst Enkhausen mehr locken als der sozialdemokratische Monumentalismus von Mitterrands Paris. Die Glaspyramide im Hof des Louvre würde sich besser auf dem Campus der Universität-Gesamthochschule Paderborn machen.

*

Bevor es zu spät ist, wird Ihnen hier und jetzt, frankophiler Leser, der Vorschlag unterbreitet, Mitterrands Pyramide doch einmal unverbindlich der Oberkörpermuskulatur von Mike Tyson entgegenzuhalten oder, besser noch, dem *hairstyling* von Don King, Tysons *promoter extraordinaire*, wie er sich selbst gerne ankündigen lässt. King ist der Besitzer von *King Vision*, die, wie anders, ein Auge in ihrem Logo mit einer

Krone zusammenfügt. *King Vision* hat es geschafft, über *pay-per-view* mehr als zehn Millionen Haushalten neununddreißig Dollar abzuzocken für die kaum mehr als neununddreißig Sekunden, in denen Tyson den wabbligen Iren McNeeley noch nicht einmal krankenhausreif schlug. Kings Haare, das haben Sie bestimmt schon einmal in der *Welt am Sonntag* gesehen, ohne Ihren Augen zu trauen, ragen grauschimmernd und steil wohl einen Fuß von seinem massigen Schädel gen Himmel. King trägt zu seinen meist in Vegas angesetzten Kampfabenden einen Smoking und glänzend violette Faltenblusen, auf denen stolz und unbenutzt ein Lorgnon an einer goldenen Halskette baumelt, und King versäumt vor allem keinen Lidschlag an Sendezeit vor und nach den Gongs, um seinen riesigen Leib quasselnd durch den Ring zu schieben und sich von seinen eigenen Angestellten um Interviews bitten zu lassen. Tyson, dessen früher unerreichter Killerinstinkt, niemand zweifelt daran, im Gefängnis von Indiana weich geworden ist, hat immerhin begriffen, was der DDR-Sportler Axel Schulz, Frankfurt/Oder, nie begreifen wird, dass er nämlich, Ex-*Iron Mike*, zum eigenen Besten keinesfalls mehr sein soll als eine *sideshow* für den bildschirmfüllenden King-Chef-im-Ring. King ist die Tautologie aller Tautologien und die Präsenz aller Präsenzen, er braucht, das weiß jeder, gar nicht mehr zu sagen, wen er siegen sehen möchte, weil die beflissenen Pugilisten schon lange gelernt haben, ihm jeden Wunsch von den Augen abzulesen und sich zur wortlos vereinbarten Zeit pünktlich in den Ringstaub legen. Einmal kam es King, der auch ein Fels des christlichen Glaubens ist, in den Sinn, eine ganze Seite der *New York Times* zu kaufen, um dem Schöpfer in erhabenen Worten für unser Land zu danken, in dem so viel Raum ist für das Walten höchster Gerechtigkeit, dass selbst ein wie er in jungen Jahren wegen Totschlags Verurteilter auffahren mag zu dem Himmel, wo Dollarmillionen in Hunderten gezählt werden. *Allah is the Almighty*, fällt Mike nun ein, *He gave me the power, He made me mature* (und das ihm unvertraute letzte Wort klingt wie das deutsche »Statur«), *In Him I trust*. Wie könnte der Reverend George Foreman als wahrer Gottesmann da nicht in die fleischigen Boxerhände klatschen, um, *Praise the Lord*, seinen schon existierenden elf auf den Namen George getauften Söhnen noch einen kleinen George hinzuzufügen und, *The Lord be blessed*, einen Vertrag zu unterschreiben für die endgültig letzte Verteidigung der Weltmeisterkrone des Schwergewichts.

*

Wir aber haben die *Annual Convention of the Modern Language Association*, die, da gibt es gar keine Diskussionen, immer zwischen Weihnachten und Neujahr in drei oder vier Megahotels einer Millionenstadt tagt, als Börse für die niedrigen Ränge des akademischen Arbeitsmarktes und als Lobby für die höheren. Phyllis heißt, passend für ein so humanistisches Unternehmen, die Generalsekretärin der *MLA*, und man weiß, dass sie *wonderful* ist. Weiße Männer hingegen, wohl die knappe Mehrheit der Teilnehmer, sind wegen ihrer Hautfarbe und ihres Geschlechts schon immer angeklagt auf der *Annual Convention*, und deshalb verkleiden sich viele von ihnen in vorauseilendem Gehorsam so, als hätten sie nicht bloß guten Willen zu politischer Korrektheit zu bieten. Sie tragen breitkrempige Hüte, die sie nie abnehmen (das war der Trend in diesem Jahr), Cordhosen mit existentialistisch ausgebeulten Taschen, klobige Schuhe, denen sie vielleicht viel mehr Expressivität zutrauen, als eine gegenwärtige Mode je absorbieren kann. Phyllis' knochigen Händen anvertraut ist der für ein Jahr gewählte *MLA*-Präsident, eine sowohl an König Arthur als auch an Bienenköniginnen gemahnende Figur, die im Hintergrund bleibt und zum Ausgleich dafür samt *spouse* die *presidential suite* des allergrößten Hotels bewohnen darf. Präsident oder *spouse*, einer von beiden, davon muss man ausgehen, Lynn oder Rob, Geschlecht ist ohnehin eine Frage Ihrer Wahl, trägt *executive blouses*. Aber nur Mitglieder der *MLA*, die nicht in den Vereinigten Staaten oder Kanada geboren sind, fragen sich, was wohl entborgen wird, wenn abends in der *presidential suite* sonst schreibgewohnte Hände der Tastatur von Knopfleisten entlanggleiten.

*

Wie es zur gleichen Stunde um die *MLA*-Mitglieder in Hütten und Cordhosen bestellt ist, weiß man, seit der *San Francisco Chronicle* am Ende des Philologenfestivals 1992 eine Prostituierte zu Wort kommen ließ. »*They are*«, sagte die Dame im gestreiften Pulli, »*demanding and cheap.*«

[1996]

Gewicht der Vergangenheit

Nach Rothenburg ob der Tauber oder nach Carcassonne in Südfrankreich fährt der Tourist natürlich nicht, um etwas über Geschichte zu erfahren oder (falls das überhaupt möglich ist) um etwas aus der Geschichte zu lernen. Er möchte sich aus der Gegenwart in eine Welt der Butzenscheiben und Stadtmauern versetzen. Der Tourist liebt Stadtmauern, weil sie einen Nachmittag lang die Grenze hin zu einer behaglichen Vergangenheit überschreitbar machen. Deshalb sorgen Stadtverwaltungen dafür, dass Neubauten nicht die Geschlossenheit der Touristenillusion brechen und dass, so häufig als möglich, historisch kostümierte Angestellte als bewegte Objekte die steinernen Kulissen beleben.
Berkeley, die gegenüber der Golden Gate Bridge auf der Landseite der Bucht von San Francisco gelegene Universitätsstadt, ist das Rothenburg für die Zeit der Studentenrevolte, das Carcassonne von 1968, das westliche Mekka des Glaubens an die sozialistische und moralische Revolution. Wer sich in einer Partykonversation *nicht* als Berkeley-Enthusiast zu erkennen gibt, läuft Gefahr, als Anhänger der republikanischen Partei, als Gegner von *animal rights*, als Sexist (und was immer sonst als Gegenteil von »politisch korrekt« gelten mag) identifiziert zu werden. Diese geradezu magisch polarisierende Kraft kommt wohl daher, dass der Name »Berkeley« für die kriegslose Generation der heute Vierzig- bis Fünfzigjährigen (zu der ich gehöre) genau das hat, was ein Tremolo in die Stimmen unserer Großväter und Väter brachte, wenn sie sonntags von vertanen Chancen vor Verdun oder am Kuban-Brückenkopf erzählten. Der offizielle

Stadtführer von Berkeley tritt in der Auflage von 1989 solcher Nostalgie schon in den Einführungsworten zum »Tourvorschlag ›Revolutionäres Berkeley‹« mit denkbar gewichtigen Worten entgegen: »Mehr als 25 Jahre sind vergangen, aber in der Erinnerung vieler Menschen haben die Bilder Berkeleys aus den bewegten 1960er und 1970er Jahren – Massenproteste, LSD-Trips, freie Liebe, Sit-ins, brennende Wehrpässe – unsere Stadt zum Zentrum des freien Denkens und des radikalen Aktionismus gemacht.« Nach eineinhalb Spalten ähnlich rhapsodischer Sätze geht der Text dann in geschichtsdidaktische Ernsthaftigkeit über: »Der folgende Vorschlag für einen Rundgang soll den Wunsch wecken, etwas über jene Zeit zu lernen und zu verstehen, wie sie Berkeley – und unser Land insgesamt – verändert hat. Er wird Sie in chronologischer Folge zu den historischen Stätten der sechziger und siebziger Jahre führen.«

*

Gewiss, amerikanische Städte haben keine Stadtmauern, aber als Rothenburg von 1968 setzt sich das »Revolutionäre Berkeley« durch die geschlossenen Häuserfronten auf beiden Seiten von Telegraph Avenue gegenüber den historisch weniger bemerkenswerten Teilen der 140 000-Einwohner Stadt ab – vor allem gegenüber den sogenannten *»flat lanes«*, wo die vom akademischen Vergangenheitsstolz kaum berührten Minderheiten wohnen. Telegraph Avenue *ist* das »Revolutionäre Berkeley«. Die langgezogene Straße verbindet die südlich von Berkeley gelegene Großstadt Oakland mit dem ältesten Campus von Kalifornien – und der Tourist lernt, dass diese Verbindung mit historischer Bedeutsamkeit aufgeladen ist. Denn Oakland gehört zu jenen Orten der Vereinigten Staaten, in denen der Staat ein Komplize von Elend und Kriminalität geworden ist, weil Sozialfürsorge, Schulverwaltung und Polizei die Stadt seit langem aufgegeben und sich selbst überlassen haben. Das erklärt vielleicht, warum in den sechziger Jahren gerade im Hafen von Oakland große Teile des amerikanischen Vietnam-Heers eingeschifft wurden.

Das nördliche Ende der Telegraph Avenue war ursprünglich Sather-Gate, eines der geschmiedeten Campus-Tore aus der Gründerzeit, bis die Universität – auch während der sechziger Jahre – aus den letzten hundert Metern der Straße eine verkehrslose Plaza machte. An der Frage, ob dort noch das radikale Recht auf freie Rede gelte oder ob es auf diesem Areal, das nun zu einem Teil des Campus geworden war, durch die Universitätsverwaltung (und den Staat Kalifornien, dem sie untersteht und dessen Gouverneur damals Ronald Reagan hieß) beschnitten werden könnte, sollen sich die ersten Studentenproteste entzündet haben. Bis heute – bis in den Wortlaut des offiziellen Reiseführers hinein – hat die Rhetorik des »Revolutionären Berkeley« keine Gelegenheit ausgelassen, Telegraph Avenue als eine Allegorie auf die Lehre vom Klassenkampf zu interpretieren. Die Universität und die Campus-Grenzen wurden zur Bastion des Klassenfeinds dämonisiert, und auf Telegraph, so schwärmt man, bahnte sich jene Solidarisierung zwischen den Unterprivilegierten und den Studenten an, deren Elan am ersten Tag der klassenlosen Zukunft den Feind-Staat erobern sollte. Nun, da diese Zukunft vergangen ist, berichtet der Lokalmythos davon, wie eine *We shall overcome* singende Joan Baez 1964 an der Spitze einer Gruppe von Studenten von der Plaza vor Sather-Gate zur Besetzung eines Universitätsgebäudes marschierte (in dem heute ausgerechnet die akademische Rechnungsstelle untergebracht ist).

*

Ich bin nicht so ein guter Fußgänger und nostalgischer Revolutionär, dass ich den ausführlichsten der Touristen-Rundgänge auf mich nehmen wollte, der in Oakland beginnt. Immerhin bin ich an Oakland vorbeigefahren und parke jetzt auf der Telegraph Avenue, ungefähr eine Meile südlich vom Campus. Dort ist die Straße noch vierspurig, und an den Fassaden vieler Gebäude – Krankenhäuser, Schulen und Turnhallen, Stadtverwaltung und manchmal Supermärkten – prangen riesige *murals*, Wandgemälde im mexikanisch-revolutionären Stil, die in den Anspruch auf geschichtliche Bedeutsamkeit des Ortes einstimmen. Ihre Farben sind ebenso aufdringlich wie das Schwarzweiß ihrer guten politischen Absichten, das die Welt ohne Ausnahme in zwei Hälften teilt. Verfallene Götzenbilder, graue Politiker mit Anzug und Krawatte und natürlich ein furchterregendes Waffenarsenal drohen auf der einen Seite der zackig wie ein Blitz geformten kosmologischen Trennungslinie; auf der anderen Seite drängt sich die Menschheit – oder besser: »das Volk« – im Zustand der Überbevölkerung, meist personifiziert durch Vater- oder Mutterfiguren, die unterernährte Kinder schützend umarmen. Vor diesen »Massen« sitzen auf der Seite der Guten gitarrespielende Hippies, Hippies, die sich auf einem Pkw-Dach küssen, Hippie-Senioren mit kontemplativer Miene. Im Gemäldevordergrund ist eine mehrheitlich verschlafen wirkende Debattierrunde um einen viereckigen Tisch versammelt. Allein eine schwarze Frau scheint die Zeichen der vergangenen Zukunft erkannt zu haben und deutet freudig auf eine (wahrscheinlich sowjetische) Rakete, die über die Köpfe der Massen hinweg in kosmische Weiten donnert. Gegenläufig zur Rakete quillt am rechten unteren Rand des *mural* aus einer Röhre eine graue – und also ökologisch wie moralisch verdächtige – Flüssigkeit. Röhren

scheinen überhaupt für diese Bildgattung ein Emblem des Bösen zu sein. Es entgeht mir nicht, dass sie natürlich auch (schlappe) Phallussymbole sein könnten.
An einer Ecke jener Kreuzung, hinter der Telegraph Avenue zweispurig-enger – und noch Rothenburg-ähnlicher – wird, pflegen Leute mit dem für amerikanische Akademiker typischen Streben nach gelassener Eleganz im Vorgarten eines Cafés Konversation und frönen ihrer Leidenschaft für Cappuccino und französisches Backwerk. Vermutlich um das Gewissen der Kunden zu erleichtern, verweist der Name des Cafés, »Le bateau ivre«, auf den Dichter Rimbaud, der auch genoss, elegant schrieb und an der Welt litt. Ob die Café-Besucher die schwarze Frau mit Rasta-Haar sehen, die gegenüber auf der Bank einer Bushaltestelle ihren Rausch ausschläft? frage ich mich. Ob sie diese Frau wohl eher zum Frühstück oder zur Revolution einladen würden?

*

Zehn Meter weiter wird die historische Illusionsinszenierung von Telegraph Avenue wirklich perfekt. Sehr früh gealterte Achtundsechziger bevölkern die Gehsteige und erinnern sich daran, so hört man im Vorbeigehen, wie »früher« noch moralische Prinzipien galten. Clowns, Puppenspieler und Jongleure geben den Touristen Anlass, ihre Kinder mit milder Stimme zu belehren, dass die hier angebotene Unmittelbarkeit des Miterlebens kulturell viel belangvoller sei als fernsehen – und als der bescheidene Schwierigkeitsgrad der dargebotenen Kunststücke. Auch an den als Straßenmarkt aufgebauten Souvenirständen dominiert Elementares und Authentisches: Batik-Unterhosen und die in Berkeley besonders gerne getragenen Birkenstock-Sandalen, Räucherstäbchen, Sandelholz und Bergkristall, Kurzwaren aller Art mit Peace-Zeichen oder Yin-Yang-Emblem. Manchmal streift das Elementar-Authentische das Erotisch-Transzendentale: In einem Schaufenster entdecke ich – zwischen Friedensgürteln und Schlagstöcken aus dem Arsenal der asiatisch-martialischen Künste – einen Ledergürtel mit körperwärts angebrachten Metalldornen in der Gestalt des gekreuzigten Christus.

Die Boutiquen von Benetton und Gap, den ehemaligen Branchenführern der Jugendkonfektion auf dem amerikanischen Markt, sind leer – für sie war es wohl eine reine Imageverpflichtung, auch auf der Telegraph Avenue (ebenso wie in New York auf der Fifth Avenue) einen Laden zu unterhalten. Ähnlich verlassen sieht nur noch People's Park aus. Das ist eine quadratische Rasenfläche, auf der die Universität von Kalifornien in den sechziger Jahren Garagen und Studentenwohnheime bauen wollte. Solch perfide Pläne wurden durch eine lange Folge revolutionärer Besetzungsaktionen – und polizeilicher Entsetzungsgegenmaßnahmen – vereitelt. Das ist nun eine ganz konkrete Parallele zu Carcassonne, dessen mittelalterliche Stadtmauer 1835 durch eine öffentliche Kampagne des romantischen Poeten Prosper Mérimée vor Bauherren und Baufirmen gerettet wurde, die sie als Steinbruch genutzt hatten. Erst vor wenigen Jahren gab die Universität ihre Baupläne definitiv auf, und kurz danach wurde der revolutionäre Name »People's Park« für den ehemals umkämpften Rasen durch den Stadtrat offiziell gemacht. Aber wahrscheinlich muss man Kriegsteilnehmer gewesen sein, um das Pathos von Schlachtfeldern ganz zu spüren. Auf dem Anzeigenbrett von People's Park sehe ich nur zwei einsame Flugblätter: Eines wirbt (schon wieder) für einen Kurs in asiatischem Kampfsport, und das andere ist bemüht, ein altes Feindbild wachzuhalten: *»Fuck the Police«*. Ein historisches Wandgemälde über das Jahr 1968 auf einer an People's

Park angrenzenden Häuserwand schließlich gibt dem Wunsch Ausdruck, dass die Zeit immer die gleiche bleiben möge. Dort ist der Name »Vietnam« in der Legende »Vietnam Teach-in« durchgestrichen und durch den Namen »Irak« ersetzt worden.

*

Überhaupt deuten Inschriften auf der Telegraph Avenue stets auf Vergangenheit, die einmal Zukunft gewesen ist. Die Glastür zu einer Saftbar, wo es frisch gepressten Karottensaft gibt, wirbt mit einer Zeichnung im Altamirastil, die eine Menschenfigur durch schwarze Striche (Röhren?) an einen Stier bindet – und mit dem klärenden Kommentar *»Transmitting Power to Man«*. So gestärkt wird der Tourist vielleicht doch noch einmal bereit sein, an die Zukunft seiner Jugendträume zu glauben: *»Get ready«*, *»Keep hope alive«*, *»Be noble, think global«*, aber auch etwas strenger: *»We are at war, sister«*, und, falls man nach dem Karottensaft hungrig geblieben ist (allen Ernstes): *»Make Pizza – not war!«*
Ich entscheide mich trotzdem, schon in Campus-Nähe und standesgemäß, für eine Tasse Cappuccino mit Croissant. Die Barockmusik in diesem Café höre ich als Botschaft, denn alles auf der Telegraph Avenue ist eine Botschaft für das kulturell Wertvolle – Altamira und Dornengürtel, *murals* und Moschusduft, Bach und die Beatles der indischen Phase. All das soll weder geographische noch historische Grenzen kennen und außerdem seit jeher auf der Seite des Volkes gestanden sein. Kaum habe ich angefangen, in der Cappuccinotasse zu rühren, setzt sich eine mittelhübsche junge Frau in schlichtem Schwarz an den Nebentisch und breitet auf seiner winzigen Fläche ein eindrucksvoll vielseitiges Manuskript aus. Sie hat in einem Roman der fünfziger Jahre gelesen, stelle ich mir vor, dass man Dissertationen am besten in

Cafés schreibt (allerdings noch besser in Paris als in Berkeley). Bevor es mir gelingt, durch angestrengtes Spähen die Hypothese zu bestätigen, dass ihr Thema die Renaissancemalerei ist, wird das Café überflutet, werden alle Tische besetzt von Leuten meiner Generation, die als spätmittelalterliche Stadtbürger kostümiert sind. Sie diskutieren hektisch wie Protagonisten in Fellini-Filmen über ein Kolloquium – und so viele weitere mittelalterliche Stadtbürger mir auch auf dem Weg über Telegraph zurück zum Auto begegnen werden, ich bringe es nicht über mich, auch nur einen von ihnen nach dem Thema zu fragen.

Kurz vor meinem Parkplatz und den Wandgemälden entdecke ich ein Nummernschild, auf dem statt einer Nummer das deutsche Wort »WAHNLOS« steht. Vielleicht will der Besitzer mitteilen, dass er zu den – natürlich kritischen – Wagnerianern gehört? Doch plötzlich ist der Gedanke nicht mehr abzuschütteln, dass Wahnlosigkeit das Leitmotiv von Berkeley und von der Telegraph Avenue überhaupt ist. Die Inszenierung der – ja gar nicht unbedeutenden – Vergangenheit gerät so beklemmend, weil ihr nichts mehr fehlt als Selbstdistanz oder gar Selbstironie. Nichts Eigenes könnte je wirken wie ein vergangener Wahn. Berkeley ist der Wille zum Stillstand der Zeit, aber heute ist nicht ohne Verluste gleich 1968. Die Hippies sind auf den Gehsteigen sitzen geblieben und dort alt (manchmal sogar zahnlos) geworden. Längst gehören sie zu einer sterbenden Generation. Andere haben sich zu einer akademischen Karriere aufgeschwungen und suchen ihre Studenten und die Mitwelt von heute heim mit dem starren Moralcode der politischen Korrektheit.

Nur in Oakland isst auch heute niemand Croissants.

[1993]

Tragikomödie der Affirmation

Die dunkle (oder vielleicht auch nur die geschmacklich flache) Seite des Multikulturalismus, sollten Sie wissen, heißt *potluck* und wird in Tupperware, von täglichem Gebrauch verkratzten und durch Spülmaschinenbad milchig gewordenen Plastikdosen mit luftdichtem Verschluss als Broccoli unter selbstgemachter Hollandaise, Spießchen süß-sauren Kalbfleisches oder bis zur Schwärze gebeizte Entenbrust zu Vorschulelternpartys mitgebracht, zu *departmental receptions* und sogar zu Geburtstagsfeiern mit besonders schmalem Budget. Die *potlucks* sind eine verheerende Folge des Frühlings und können es nur mit der jährlichen Wiederkehr der Pollenallergie aufnehmen. Denn kein Salat vermag der alle Frische brechenden Tupperware zu widerstehen. Wenn sich die Plastikdosen im Schatten von Eukalyptusbäumen öffnen, schwimmen Gurkenschnitze, Spinatblätter und Radieschenscheiben wie Schiffbrüchige in Soßen aus Kondensmilch und Essig, Hühnerhaut kräuselt sich, Nerven, Sehnen und Blutgefäße entblößend, auf glitschigen Hühnerschenkeln, Ananasstückchen ragen wie Grabsteine aus dem gummigewordenen Käse einer Pizza, in die sie gesetzt wurde. »*My family recipe*«, droht mit diktatorischer Geste eine Mutter von Mitte vierzig, deren Alabasterbeine aus grasgrünen Shorts stechen, will sagen: Ich nehme es persönlich, wenn du nicht gleich beim Campingtischbuffet heißhungrig in meine Fleischbällchen beißt. Dabei verströmen ihre Fleischbällchen einen Grabeshauch wie des letzten Winters Mottenkugeln, dessen es zur Warnung kaum bedürfte, weil schon die Faltenbluse der Mutter meinen Magen *upside down* gekehrt hat. Man kann dann bloß noch auf präventive Anästhesie der Geschmacksknospen setzen, das heißt auf die in triefende Blätter gewickelte Paste in den Tupperschalen der indischen Familie, deren sonntäglich gekleideter Vorstand mit einem produktgerecht weichen Akzent von Software erzählt und immer zu suggerieren scheint, dass dir von Stund an all deine Sünden vergeben sind. Für zehn Dollar pro Person, überschlägst du inzwischen, hätte man das wundervoll neutrale Essen einer *catering company* kommen lassen können, statt sich dem kalifornischen Ritual individueller Kreativitätsfehlschläge auszusetzen, gegen das dank Tupperware einfach kein Kraut gewachsen ist. *Potluck* heißt ursprünglich, sagen manche Wörterbücher (andere übergehen das Wort mit gebührender Verachtung), dass man – *good luck!* – essen muss, was irgendeiner in den Topf geworfen hat. *Pot-luck* ist also das Erleiden von Kontingenz, aber da es als *sharing* von Individuellem inszeniert wird und alles Individuelle unter sozialem Denkmalschutz steht, halten ihre Anhänger die Zeremonie für pure Großzügigkeit und nennen sie dann auch noch *potlatch*. Dabei ist *potlatch* gerade das Gegenteil des Leidens an Kontingenz, nämlich jenes erhabene Ritual der Ureinwohner aus dem Nordwesten Amerikas, bei dem ganze Dörfer öffentlich all ihre Habe verschenkten (oder vernichteten), wohl wissend, dass die Beschenkten und Zuschauer zum Rollentausch verpflichtet waren. *Potlatch* erkaufte das Privileg, sich großzügig fühlen zu dürfen, um den Preis der Gelassenheit, mit der man sich danach von anderen in der Rolle der Großzügigen beschämen ließ, während *potluck* systematisch die Möglichkeit ausschließt, andere schenkend zu überwältigen. Wer zum *potluck* einlädt, vermietet seine Grünfläche für miese Speisung in Tupperware (was zum Anlass von Geburtstagen besonders anal wirkt), und wer der

Einladung folgt, tauscht das, was er selbst gerne essen würde, gegen etwas ein, das ihm die Augäpfel aus dem Gesicht treibt (Selbstmitgebrachtes, schreibt das Regelwerk vor, darf man nicht anrühren). Wer die Reste der anderen Haushalte isst, kauft sich das Recht, den anderen die eigenen Reste vorzusetzen.

*

Sharing ist nur so lange eine reine Freude, wie einer Heißhunger auf das hat, was ein anderer mit ihm zu teilen bereit ist, während es zu einem Horrortrip im Sozialen wird, wenn man des anderen Begeisterung für die Urinnuance in Nierchen nicht teilt. *Sharing* ist die aufgezwungene kollektive Anerkennung des undramatisch Fremden in Momenten, wo eigentlich niemandem an solch affirmativer Aktion gelegen zu sein brauchte, *unnecessary roughness* würde man in der Eishockeysprache sagen, und es ist ein Segen, dass der *potluck* trotz kurzfristig epidemischer Verbreitung von Tupperware in den sechziger Jahren bisher in Europa nicht Fuß fassen konnte. Dafür erzählen Europäer dauernd Witze, was in den Vereinigten Staaten als Soziopathie gilt und nur in jenen extremen Notlagen Legitimität erlangt, wo ohne Witz alle Konversation verlöschen müsste. Witze sind die ebenfalls unnötige soziale Anerkennung dessen, was Individuen für komisch halten. Deshalb strengt nichts mehr an als Witze. Während ich den Ehrgeiz hatte, als Witzeerzähler zu gelten, drückte mich die Angst vor dem Ausbleiben des Lachens an den Abgrund eines Stotterns, welches meine Pointen so regelmäßig versiebte, dass sich daraus mühelos Komik einer höheren Ebene hätte destillieren lassen. Wann immer einer Witze erzählt, lache ich einen *risus praecox*, das Lachen des vorauseilenden Gehorsams gegenüber dem Erzähler, welches mich, Tragik des guten Willens, allemal dazu bringt, in seinem Erzählfluss hängenzubleiben, bis es zu einem *iocus interruptus* kommt, was seinerseits Peinlichkeit und Wut erzeugt. Obwohl ich also Witzeerzähler (einschließlich dem aus meiner eigenen Vergangenheit) verabscheue, ist das Vermasseln von Witzen keine Racheaktion, sosehr es auch Hass und Selbsthass steigert und damit das nächste Unglück schon immer vorbereitet.

*

Lufthansa 454, der Direktflug von Frankfurt nach San Francisco, ist sehr beliebt bei Rentnern in diversen Freizeitlooks. Die Damen bevorzugen beinahe geschlossen die Tarnfarbe Beige, die auch nach Bad Wörishofen passen würde, viele Herren tragen Stretchhosen, jene textiltechnologische Errungenschaft, die sich nur in Deutschland durchgesetzt hat, weil keine andere ethnische Gruppe den Wert der Bügelfalte (und Stretchhosen wahren die Bügelfalte ohne weiteres auf einem Elfeinhalbstundenflug) so hochgehalten hat wie der deutsche Rentner. Andere Herren über sechzig reisen im schockfarbenen Trainingsanzug, wie ihn vor vielen Jahren der unglückliche Bundestrainer Jupp Derwall in die Welt der Freizeitmoden einführte, so dass sie, wenn sich je ein entsprechender Notstand bei der deutschen Kolonie in Silicon Valley ergäbe (zum Beispiel aufgrund einer Meniskusverletzung eines Stammspielers), durchaus in der Lage wären, sofort nach der Ankunft bei einer Thekenmannschaft einzuspringen, wo sie zweifellos ihren Mann stünden. Viel weiter unten an der auf ihrer Spitze balancierenden Alterspyramide des deutschen Tourismus tragen un- oder jungverheiratete Passagiere, Paare, die kinderlos bleiben, um weiter ihre Urlaubs- und Freizeitmöglichkeiten voll ausschöpfen zu können, frisch gereinigte Jeansanzüge, die demonstrativ bügelfaltenfrei bleiben, weil wir-sind-locker-vom-Hocker ihre

Botschaft ist, *America-here-we-come*. Fast möchte ich Tränen der Melancholie ob so viel bester Absichten unter diesen Jungstudienräten weinen, weil niemand außer ihnen in Kalifornien Jeansanzüge trägt und keiner mit-dem-Camper-die-Pazifikküste-runter-bis-nach-Mexiko fährt, was sie hingegen für ebenso urig wie authentisch halten. Amerikanerinnen und Amerikaner auf dem Gegenflug sind, glauben Sie es mir, entweder frei von allem fehlgeleiteten Mimikry, weil sie die Ersterfahrung multipler nationaler Kleidercodes erst noch machen müssen, oder ganz nach den eigenen Nationalkonventionen *overdressed*, so als stünde ihnen in Frankfurt ein entscheidendes Einstellungsgespräch bevor.

*

Vermeintlich Exotisches, handgewirkte Röcke etwa oder minimalistische Ledersandalen, tragen sie nur dann, wenn der Flug in den Süden des eigenen Kontinents geht. Ausgerechnet in Bogotá gibt die Partnerin *(woman friend)* meines Kollegen Mario vor den staunenden Honoratioren der lokalen Kulturwissenschaft zum Besten, dass sie als kanadische und ohnehin prinzipiell kritische Angestellte einer kalifornischen Universität zu einer Randgruppe gehöre und deshalb besonders qualifiziert sei, mit ihren kolumbianischen Kollegen das Kreuz internationaler Stigmatisierung zu tragen. Solcher Drang der Intellektuellen auf die randständigen Positionen gemahnt an die angeblich bloß scholastische Frage nach der Zahl der Engel, die auf einer Nadelspitze Platz hätten, und das reine Gewissen von Engeln zeichnet kritische Intellektuelle ja auch immer aus. Wie groß kann also die Mehrheit der für sich Randständigkeit Reklamierenden werden, bevor Randständigkeit aufhört, marginal zu sein? Zum Nachdenken kommt Mario aber nicht, weil nun seine Kollegin aus Yale ihren Beitrag zum Solidaritätsfestival als Körperkultur *ma non troppo* leistet, indem sie in ein schwarzes Mieder à la Madonna gepresst in eine Podiumsdiskussion eingreift. Später lässt sie sich von den Dämonen der Tanzwut überfallen, und keiner (schon gar nicht einer der muskulösen einheimischen Studenten) vermag ihres wundervollen Solidaritätsdrangs Herr zu werden, der inzwischen vom Amateurpolitischen ins eher Alterserotische übergeschwappt ist. Zur Arbeit am Kater fordert sie dann beim Frühstück Mario zu einer Runde des akademischen Gesellschaftsspiels *Hit Me – I Score*. Wer es schafft, durch eine unterlassene oder tatsächlich gemachte Bemerkung, durch einen Blick (vor allem) oder durch eine Geste betroffen oder gar verletzt zu werden, erzielt einen Punkt. Die Madonna von Yale zum Beispiel macht einen Punkt gegen all die, welche der Misere ihres schwach gefüllten Mieders visuelle Aufmerksamkeit schenken *(penetrating male gaze)* – aber sie macht genauso einen Punkt gegen die anderen, welche sie einfach übersehen haben *(lack of attention for women)*. Großmeister wie Robert Rhyle aus Birmingham (offiziell ein Spezialist für postkoloniale Frankophonie) bringen das Spiel in eine wahrhaft kosmische Dimension jenseits aller Geschlechtsunterschiede, weil es ihre Sensibilität vermag, mannigfache Kränkungen – auch solche, die ihnen fernstehenden Gruppen oder Individuen zugefügt werden – auf sich selbst zu beziehen, so dass sie in Permanenz das Privileg genießen, beleidigt zu sein. Für Bogotá musste Rhyle absagen, weil ihn kurz vor Abflug die Nachricht von einer Niederlage der *native minority* im kanadischen Parlament erreicht und betroffen gemacht hatte. Sein Fernbleiben ist auch deshalb sehr zu bedauern, weil man Aufschlussreiches erwartet hatte von seiner Begegnung mit einem Spanischlektor aus Eichstätt, der über die »Fidel treu Gebliebenen« mit so stupender Gedächtniskapazität Rechenschaft ablegt, dass er an *Rainman* erinnert, wo der autistische Raymond über ein außergewöhnlich gutes Gedächtnis für Telefonnummern verfügt.

*

Am frühen Morgen des 13. März wartet Mario in Bogotá auf den Heimflug und erinnert sich angestrengt an Hegel, während er der Versuchung widersteht, sich von den Schuhputzern in die Rolle des feinen Herrn drängen zu lassen. Jedes Nachgeben, weiß er, mindert den sozialen Druck für die seit Jahrzehnten überfälligen arbeitspolitischen Strukturmaßnahmen; außerdem kann es einer wie er, der in Minneapolis aufgewachsen ist, kaum aushalten, jemanden vor sich knien zu sehen – aber wie wäre es mit einem Trinkgeld für das Unterlassen der angebotenen Dienstleistung? Als er einen Augenblick lang von dieser Frage in Beschlag genommen ist, hat ihm der alte Mann, der aussieht wie Anthony Quinn, einen Sockel unter den Fuß geschoben und das Wildleder seines rechten Schuhs für immer mit glänzend schwarzer Creme ruiniert. Mario gibt auf und vertieft sich in die Morgenausgabe von *El Espectador*, wie es sein Herr, der Schuhputzer, ohnehin von ihm erwartet. »Gefangener aus Liebe mit Zyankali vergiftet«, liest er und vergisst Hegel: »Der dreißigjährige Jairo Cortés Navarro war bei einem Raubüberfall auf eine Bankfiliale festgenommen worden und vor einigen Tagen mit acht Komplizen aus dem Villahermosa-Gefängnis entkommen. Vor der erneuten Festnahme hatte er seine Frau, Sandra Chávez Pérez, wissen lassen, dass er in der Haft unter schwerer Klaustrophobie litt und seinem Leben ein Ende setzen wolle, falls er der Polizei wieder in die Hände fiele. Da seine Gattin ihn liebte, versprach sie, ihm zu helfen, falls dies nötig werden sollte. Treu dem einmal gegebenen Wort, gelang es der neunundzwanzigjährigen Frau, ihrem

Mann im Moment der erneuten Einlieferung ins Gefängnis einen Umschlag mit dem hochwirksamen Gift zuzuspielen. Nach dem Verhör nahm Cortés Navarro in seiner Zelle das Mittagessen in Empfang, bestreute es mit dem Zyankali, das ihm seine Frau gegeben hatte, und verstarb um zwei Uhr. Wenige Stunden später stellte sich Sandra Chávez Pérez der Polizei.« »Da sie ihn liebte«, murmelt der perplexe Mario in seinen speckigen Schuhen und versucht sich vorzustellen, wie Sandra Chávez Pérez wohl aussehen mag.

[1996]

Preise des guten Gewissens

Dass einer glaubt, »nichts Böses getan zu haben«, wie Vati immer sagte, wenn er seiner Frau eine moralische Abseitsfalle stellen wollte, ist noch lange nicht genug, und es reicht auch überhaupt nicht, lernen die verschüchterten Angestellten von ihrem *sexual harassment adviser*, dass einen niemand anklagt. Während der guterhalten-schläfrige Emeritus dem Tagtraum frönt, von seinem *adviser*, wie es ihr wörtlich genommener Titel verspricht, sexuell belästigt zu werden, für Unterrichtszwecke zumindest, vielleicht mit Aktfotos auf der Homepage oder einem Schimmer schmuddelroter Wäsche unter gestärkter Bluse, während er schon fast ansetzt zu einem Augenzwinkern, das ihn teuer zu stehen käme, dringt an sein Ohr, was es wirklich geschlagen hat: *»If you are not sure about your own interactions with someone in your office, classroom or dormitory and are concerned that they have been misunderstood, you should consider talking with someone to see how the situation can be resolved.«* Selbstanklage heißt die ethische Parole der Stunde (wie schon zur Hoch-Zeit des Marxismus), was um so tugendreicher ist, als alle Details der Selbst- und Fremdbezichtigung zu Protokoll genommen, zehn Jahre nicht gelöscht und als potentielle Verfehlungen behandelt werden. Denn welches Benehmen könnte, wenn eine(r) nur besorgt genug fragt, je frei bleiben von dem Zweifel, »missverständlich« gewesen zu sein? Welches Verhalten würde nicht unter des Arbeitgebers Definition von *sexual harassment* fallen: *»Unwelcome sexual advances, requests for sexual favors, and other visual, verbal or physical conduct of a sexual nature«*? Es gibt kein »Körper-Verhalten«, rinnt es durch sein noch etwas morgenweiches Hirn, dem man »sexuelle Natur« mit Gewissheit absprechen könnte (ist eigentlich überhaupt irgendein Verhalten-ohne-Körper, die puritanische Utopie also, vorstellbar?). Was, wenn einer aus dem senilen Kichern des Kollegen Hardy Phantasien von Oralverkehr heraushört oder vielleicht den Freiwilligeneinsatz der *harassment advisers* als Kompensation für den unerfüllt gebliebenen Wunsch deutet, ihre greisen Eltern zu Tode zu peitschen? »Man kann nicht nicht kommunizieren«, tönte es in den achtziger Jahren allenthalben von Linguistenlippen, während wir jetzt selbstgenüsslich vor dem Abgrund stehen, der sich in unseren Pädagogenseelen auftut, weil wir gelernt haben, dass wir nicht nicht sexuell belästigen dürfen. In seiner korrektesten Fassung wird der Selbstvorwurf so allgemein und so rein, dass er gar kein grammatikalisches oder reales Objekt mehr braucht. Physisches Da- kann schon immer sexuelle Belästigung sein. Zugleich bringt der pauschale Vorwurf aber auch, zumindest im Vergleich mit der These von der unvermeidlichen Kommunikation, einen wunderbaren Gewinn an Konkretheit mit sich. Das ermöglichte es jüngst, einen Juristen aus Philadelphia zu 7,1 Millionen Dollar Bußgeld zu verknacken, weil er ohne-zu-fragen vielevielebunte Smarties aus der Blusentasche seiner Sekretärin gegrapscht hatte, was wirklich, meint Kollege Hardy, zu viel der Ehre war. Denn ist es nicht statistisch eher wahrscheinlich, dass der Griff des amerikanischen Rechtsanwalts tatsächlich den Smarties galt? Außerdem rechtfertigen nur die wenigsten Brusttaschen ein Strafgeldniveau von über sieben Millionen.

*

Man braucht kein Marxist zu sein, um die ökonomischen Motive hinter dem vorauseilenden Feminismus meines Arbeitgebers zu verstehen, weil im Vorwort dieser Broschüre ganz explizit steht, dass Arbeitgebern das Grapschen ihrer Arbeitnehmer am Arbeitsplatz teuer zu stehen kommen kann (6,9 von den 7,1 Millionen in dem Smarties-Verfahren zum Beispiel). Deshalb versuchen sich alle Unternehmen durch verfahrenstechnisch rigorosen Moralismus einen guten Namen in der Welt der Gerichte zu machen. »Nein«, sagt der Geschworene im Wunschtraum eines akademischen Verwaltungsdirektors zu dem Richter, »Harvards offizielle Definition des Analverkehrs ist so breit *(all-inclusive)*, dass sie wirklich jedes Wackeln der unteren Rückenpartien einschließt«, was auf beste moralische Absichten schließen und deshalb Freispruch angeraten sein lässt.

*

Wie anders stimmen da die Worte aus dem Weihnachtsbrief eines norddeutschen Schwiegervaters: »Im Persönlichen (was soll ein alter ›Knabe‹ noch ›verbrechen‹?) gibt es nichts, was sich vorzuwerfen wäre, also darf man sich seinem bzw. dem guten Gewissen überlassen. Wir unterstellen, dass Ihr sicherlich zu einem gleichen oder noch besseren Ergebnis gelangen werdet, woraufhin also frei, unbeschwert, in reiner Zuversicht auf die Gnade des Höchsten sowie in sicherem Vertrauen auf mannigfache Verheißung für das Neue Jahr sich der Schwelle genähert werden kann.« Das Öffentliche allerdings kommt schlechter weg in dieser Retrospektive: »Man machte sich daran und tat sich darin groß, der angeblichen Befreiung von 1945 und noch dazu ›feierlich‹ zu gedenken. Ich wurde lediglich von meinen letzten Habseligkeiten ›befreit‹, was in der Sache hieß, dass ich anschließend nahezu fünf lange und der sowjetischen Kriegsgefangenen-Tortur überstellte Hungerjahre hinkümmern musste, was mich letztlich zu der Erkenntnis gebracht hat, dass es bis dahin nirgends schöner gewesen war als in der Heimat und im sogenannten Dritten Reich!« Das ist die entgegengesetzte Position im Spektrum der Bewusstseins-Entgrenzungen, unendliche Selbstvergebung statt unendlicher Selbstanklage, es ist das Gegenteil von grenzenloser Bezichtigungskultur – bis auf ein Detail, das den Empfänger stutzig macht, als er sich gerade dem Ausmalen soziologischer Idealtypen hingeben will. Die Gemahlin des nostalgischen Briefeschreibers nämlich macht Ausflüge ins Ökomilieu: »Frieda indessen beschäftigt sich winters im Hinblick auf Ostern, indem sie tüchtig und mit tollem Können Eier bemalt, welche dann – wie z. B. heute – auf einem Hobby-Ostereiermarkt der Grünen einem bewundernden und gar nicht geringen Publikum vorgeführt werden.« Was, fragen Sie, was haben diese Frieda und die bemalten Ostereier samt ihren grünen Förderern mit *sexual harassment advisers* zu tun? Ganz einfach, zischt der grinsende Agnostiker, sie teilen die fundamental(istisch)e Gewissheit, falsch und richtig (und alles, was daraus folgt) auseinanderhalten zu können. *»Good for you!«* hört einer fünfzehnmal am Tag in Kalifornien, wenn er entnervt von der tödlich gutgemeinten Frage *»Did you know that smoking is bad for your health?«* den Zigaretten endlich entsagt hat. Friedas Gatte weiß sich statt solchem Segen des kollektiv-guten Gewissens direkt der Gnade des Allerhöchsten unterstellt. Was ihn von kalifornischen Moralaufsehern unterscheidet, ist »lediglich« (wie Mutti sagte, wenn sie, endlich in die Enge getrieben, auf die moralischen Vorwürfe ihres Gatten mit einem Konzessivsatz reagieren musste), ist also lediglich, dass er sich durch Geburt zu gutem Gewissen berufen fühlt, denn man ist ja immerhin deutsch und hat sogar ein Adelsemblem für das Briefpapier erfunden. Meine Generation von 1968 musste sich zu demselben »sanften Ruhekissen« (wie es reimend in unserem Katechismus genannt wurde) eher auf der Komplexitätsschleife einer Entgrenzung des schlechten Gewissens verhelfen. Sich selbst dabei zu beobachten, wie man beständig errötet angesichts der Schandtaten, deren man hätte fähig sein können, das, gewiss, ist moralischer Adel.

*

In Pretoria hat die Apartheid ihrem guten Gewissen ein Denkmal gesetzt. Weil jetzt aber alle gegen Apartheid sind, gehen sie erleichtert auf Distanz, indem sie vorausschicken, das Denkmal wirke wie ein Radio aus den dreißiger Jahren, obwohl es eigentlich keinen Deut anders aussieht als die restliche Monumentalarchitektur jener Zeit – in Berlin und in Paris, in Moskau und in New York. Im Voortrekkermonument, das an die Flucht- und Eroberungszüge der Buren nach 1830 gemahnt (auf der Flucht vor den Engländern eroberten sie das Land der Afrikaner), defiliert man entlang einem Fries aus Weißen im Sonntagsstaat, die, weil sie zu gut für diese Welt sind, dauernd auf Verhandlungen eingehen, bei denen sie von Häuptlingen mit Hängebauch (Leibesfülle steht für die neoklassisch nicht darstellbare Schwarzheit) ganz übel übers Ohr gehauen werden, während ihre Frauen und Kinder trutzig den Giftpfeilen und Päderastenblicken muskulöser Zulu-Krieger entgegensehen. Weiße Frauen und Kinder sind die unbestrittenen Helden des Voortrekkermonuments, was angesichts der berühmten Bibelfestigkeit der Buren zunächst verwundern muss, weil doch in Gottes Wort Frauen und Kinder (manchmal auch Greise) eigentlich nur dann Erwähnung finden, wenn gesagt wird, dass sie in ohnehin schon hyperbolische Schätzungen von Volksmassen noch nicht einmal eingeschlossen sind. Vor dem Hauptgebäude steht aber trotzdem ein *Vrou- en Kinderbeeld* mit einem Jungen in Hochwasserhosen (knappe Textilien verweisen bei Knaben auf moralisch verdienstvolle Armut) und einem Schwesterlein im Heidi-Look, dem die Mutter die Augen zuhält, was wohl mit den Zulus zu tun hat, aber auch schon allein deshalb seine Berechtigung hätte, weil der dauernde Anblick übermächtiger Mütter zu *anorexia nervosa* führt – und wie sollte die ausbleiben unter den Augen einer Mutter von zweieinhalbfacher Lebensgröße, die aus einer Verbindung der Venus von Willendorf mit Darth Vader hervorgegangen sein könnte? Ihre ganze Wucht ist allerdings in eine Bluse mit verdeckter Knopfleiste und einen knöchellangen Faltenrock verpackt (denn bei Frauen wirkte Textilmangel ja lasziv), was einmal mehr bestätigt, wie sehr der weißeste aller Träume von Erlösung ein Traum der Erlösung von der Schwere des eigenen Körpers ist. Einmal im Jahr fällt für einen kurzen Moment das Sonnenlicht senkrecht auf einen sargähnlichen Marmorstein im Kellergeschoß des Vootrekkermonuments, und dann erheben sich, kein Zweifel, die Schatten toter Buren gen Himmel, ohne Blusen und Konfirmationsanzüge, weil körperlos, und das erklärt auch, warum das Loch in der Decke des Gebäudes so demonstrativ winzig sein kann – und muss. Nur Seelen, nur in unendlichem Selbstvorwurf von der Möglichkeit eines *»physical conduct (of a sexual nature)«* befreite Seelen finden hier Durchlass.

*

Wer hätte in den Jahren jener monumentalen Radio-Architektur die Buren in Pretoria, Schwiegerväter aus der Lüneburger Heide und *sexual harassment advisers* von der Pazifikküste auf den Punkt einer Konvergenz bringen können? Symptom für dieselbe Bewegung ist im Bereich der deutschen Sprache die Ersetzung des Nomens »Flugzeug« durch »Flieger« (nicht viel mehr ist der Flug nach Boston im Leben des Yuppie-Unternehmers als der Spielzeug-Flieger seiner Kinderjahre mit dem gummizuggetriebenen Propeller). Aber auch die weltläufige Metapher »Handy« für *cellular phone* muss hier Erwähnung finden, weil man wie der Gott des Gospelsongs die ganze Welt in seiner Hand hält, wenn von der Lounge des Flughafens Wien-Schwechat mit der Gattin in Heilbronn über das Dressing für das Abendessen entschieden wird. Hierher gehören schließlich auch die diversen Polster-, Golf- oder, allgemeiner, Erlebnis-Welten (besonders häufig anzutreffen im südlichen Österreich und in den neuen Bundesländern), welche beredtes Zeugnis vom Triumph der Phänomenologie ablegen (schließlich war es Edmund Husserl, der zuerst von »Lebens-Welten« gesprochen hat) – von einem Triumph der Phänomenologie allerdings, für den sie den Preis einer in Escher-Kitsch tausendmal wiederholten Binsenweisheit zu zahlen hatte: nämlich dass es viele Welten gibt – alle konstruiert und keine wirklich zum Anfassen.

*

Weil Intellektuelle alten Schlages Virtuosen entgrenzter Selbstbeobachtung sind und außerdem verstanden haben, dass es, fast wie die vielenvielen Smarties, eine Pluralität von Welten gibt, deren Eigengesetzlichkeiten sich nicht so leicht überspringen lassen, weil sie also unter dem Privileg leiden, so viel gedanklich Schweres mit sich tragen zu dürfen, fühlen sie sich in der Rolle des Touristen ganz schlecht. So wie uns das französische Sprichwort mit seiner unnachahmlichen Süffisanz lehrt, dass der schlechte Geschmack immer der Geschmack des anderen sei, kann man deshalb – einen Hauch ontologischer – heute auch sagen, dass die Touristen immer die anderen Reisenden sind. Literaturwissenschaftlerinnen aus Würzburg hingegen gehen an der spanischen Mittelmeerküste in der Masse der Einheimischen auf, weil sie Ponchos aus peruanischem Loden tragen, Deutschlehrer aus Berlin leiden unter Migräneanfällen, sobald ihr Wochenendhäuschen in der Toskana fließendes Wasser bekommt, und Mediävisten aus Stanford finden Erfüllung beim Angeln an den reißendsten Bächen der einsamen Gebirgswelt im Staat Montana. Nur Japaner stehen stolz zu ihrem Touristsein – nur sie wissen, dass sie unter keinen Umständen vorteilhaft aussehen in einem Torerokostüm oder einem Eskimopelz.

[1996]

Bilder

Kalifornien – »Land of the Free«

Die weichste Landung, die man je in einem Film gesehen hat, machte die TWA Super Constellation, mit der Tom Hagen, Pflegesohn und *consigliere* von Vito Corleone, im ersten Teil des *Paten* auf einem der Flughäfen von Los Angeles landet, ich vermute, es ist Burbank. Nur eine winzige graue Bremswolke zeigt sich für einen Moment, und die Hintergrundmusik klingt cool. Es ist Tom Hagens Mission, in Hollywood die Karriere von Johnny Fontane, dem Frank Sinatra nachgezeichneten Patensohn von Don Vito, zurück auf Erfolgskurs zu bringen. Seit dem frühen zwanzigsten Jahrhundert und gewiss noch während der unmittelbaren Nachkriegszeit, wo der *Pate* einsetzt, war Kalifornien für die Amerikaner vor allem Hollywood. Vom Taxi am Eingang abgesetzt, schreitet Tom Hagen mit der Juristen-Aktentasche in der Hand lange durch Schluchten von fensterlosen Studiogebäuden; nach einer ersten aufbrausenden Reaktion wird er vom Fimproduzenten Woltz, der offenbar erfahren hat, wer sein Auftraggeber ist, zum Abendessen in eine Villa in Beverly Hills eingeladen, von deren Dimensionen und hispanischem Charme auch die Reichsten der Ostküste nur träumen können. Dort unterbreitet Hagen Woltz nüchtern und höflich, »ganz professionell», wie wir heute sagen, eines jener Angebote des Paten, »die man nicht ablehnen kann«. Als Tom Hagen schon auf dem Flug zurück nach New York ist, wacht Woltz im Blut seines (damals schon) sechshunderttausend Dollar teuren Lieblingspferdes Khartoum auf. Noch kontrolliert New York also Los Angeles. Der zweite Teil des großen amerikanischen Epos hingegen setzt ein in Nevada mit der Erstkommunionfeier von Michael Corleones Sohn, an dem Kalifornien gegenüberliegenden Ufer von Lake Tahoe, denn die Familie hat ihr Geschäft nach Westen verlegt, wo in den späten fünfziger Jahren die Zukunft aufzugehen schien. Der dritte Teil des *Paten* beginnt etwa zwanzig Jahre später mit der Feier der Aufnahme von Michael Corleone in einen päpstlichen Ritterorden. Macht und Kapital sind an die Ostküste zurückgekehrt.

*

Die Bäume an der Pazifikküste südlich von San Francisco wachsen schief, weil der Wind immer auflandig weht. An den gleißend hellen Tagen, deren Licht süchtig macht, blinken sie silbern und grau in den Farben von Disteln, ähnlich den Rücken der Wale, die man während einiger Wochen des Jahres in der Ferne sieht, wie sie nach Norden und dann wieder nach Süden gleiten. Nichts außer den Walrücken ist weich hier oder lädt zum Schwimmen ein. Das verlassene Haus auf einer Anhöhe über dem Wasser ist wie in Zacken abgerissen, und auf dem Sand hinter der Brandung bleiben um die Jahreswende ausgewaschene Äste und Skelette von Fischen und Seelöwen liegen. Dies ist die Schönheit an einem Ende der Welt, da fast der halbe Planet zwischen den grauen Silhouetten hier und der ähnlich grauen Küste von Japan liegt. Nur ist jene ferne Küste dieser weniger gegenüber, als dass sie ihr eigenes Ende und ihren eigenen Anfang hat. Auf einer Landzunge, die tief in den schon fast unheimlich friedlichen Ozean ragt, schlafen reglos und schwer wie Steine, die freilich in Stundenabständen zucken und sich räkeln, ein paar Hundert See-Elefanten – mehr als ein Zehntel aller See-Elefanten, die es auf dem Planeten gibt. An gewissen Tagen wachen die männlichen Tiere auf, zerfleischen sich mit ihren Rivalen im Kampf um die Herrschaft über die besten weiblichen Tiere und lassen dann ihren Samen in die Weibchen ab. Landeinwärts neben der Autobahn, die von wenigen im Stil der dreißiger Jahre gebauten Brücken überspannt wird, stößt man zwischen den Hügeln auf Dörfer mit höchstens zwanzig Häusern, umgeben von großen silbernen Wasserspeichern. Eines von ihnen heißt Pescadero und hat ein Restaurant mit dem Namen der aus Portugal eingewanderten Familie Duarte, deren Generationen hier seit einem guten halben Jahrhundert solide Fischgerichte servieren.

*

Wenn etwas meinen neuen, von einem rhetorisch leider sehr überzeugenden Arzt auferlegten Status der Nichtrauchers gefährden kann, der nach tausend gescheiterten Versuchen bisher mit erstaunlich wenig Leiden verbunden war, dann ist es jene Krankenschwester-Attitüde, mit der mir Kollegen, Kellner und Studenten, ja sogar (ganz gegen ihr eigenes Geschäftsinteresse) Tankwarte gratulieren, bei denen ich jetzt nicht mehr jene aberwitzig teuren Zigaretten kaufe. Sie sagen »*good for you*« mit einem pädagogischen Schwung in der Stimme, der nach einem Ausrufungszeichen verlangt, und damit meinen sie »gut gemacht«, als hätte ich gerade in der ersten Klasse einen Buchstaben zum ersten Mal richtig geschrieben, was noch schlimmer ist, als wenn sie mir, wie man ja vom Deutschen kommend zunächst vermutet, bestätigen wollten, dass Nichtrauchen »gut für meine Gesundheit« sei. Ich fühle mich tatsächlich zum Lügen getrieben, veranlasst zu behaupten, dass ich ja in Wirklichkeit weiter rauche, weil mir das Leben unerträglich sei und ich gerne an Lungenkrebs sterben möchte, wie es mir auch in den Sinn kommt, mit einer Geste zu reagieren, die dem Prankenschlag eines verrückt gewordenen Eisbären ähnelt, sobald mich jemand, den ich auf dem Weg zum Parkplatz am Abend nicht zurückgrüße, weil ich müde bin oder sie einfach nicht gesehen habe, mit Krankenschwestersorge fragt: »*You OK?*« Echte Kalifornier sind beständig umeinander besorgt. Doch während ich mich meistens überhaupt nicht mit dieser allgemeinen Sorge identifizieren kann, finde ich sie doch manchmal auch wärmend und sympathisch. Zum Beispiel wenn die spindeldürre Li, nachdem ich mein Seafood-Sandwich bezahlt habe, »*take care of yourself*« sagt. Natürlich wird sie mir nicht nachtrauern, wenn ich drei Minuten später überfahren würde (aber wer würde sich denn je so langsam bewegen, dass er von einem kalifornischen Auto überfahren werden könnte?), aber ihre Worte freuen mich, ganz ohne Frage nach ihrem Wahrheitsgehalt. Kalifornier sind wirklich besorgt, ob es dem anderen gutgeht und ob man ihm zu nahetritt, wollen sie wissen, es ist, als ob jeder und jede einer anderen Minderheit angehörte, die man schützen und schonen will. So sieht die Welt des absoluten Einwanderungslandes aus, wo niemand ein Fremder sein oder die Rechte von Ureinwohnern oder Mehrheiten in Anspruch nehmen darf. Alle und alles sollen zu ihrem Recht kommen, selbst die Tiere und die Dinge. Im Alltag gilt viel mehr noch als in der festgeschriebenen Gesetzgebung des Staates, dass niemand Minderheit sein oder Neu-Kalifornier bleiben darf. Sobald du ankommst, bist du Voll-Kalifornier, und alle anderen Kalifornier scheinen zu wollen, dass du dich wohl fühlst, nikotinfrei und freundlich zurückgrüßend.

*

Tegtmeiers kamen ihren ehemaligen Untermieter in Kalifornien besuchen, als der sich damals gerade frisch in seine Stipendienheimat für ein Jahr verliebt hatte. Schon die Bremsbeläge des Mietwagens weckten erste Skepsis, und dass es Straßen mit nichtbehobenen Schäden gab, ging deutlich über ihre Vorstellungs-Toleranz hinaus. So hatten sie sich die Zukunft nicht vorgestellt, auch nicht ohne staatliche Krankenversicherung, und alles an ihrer Reaktion wurde schließlich unumkehrbar, enttäuschend und schmerzhaft für den frisch verliebten Stipendiaten, als während ihres Aufenthalts zum ersten Mal der Strom ausfiel. Tatsächlich muss die Zuverlässigkeit der Stromversorgung in Kalifornien so niedrig sein wie in Ruanda – und wer weiß, ob ich nicht Ruanda mit dieser Vermutung unrecht tue. Es kommt ja wirklich manchmal vor, dass man sich noch etwas Arbeit für den ganz frühen Morgen übriggelassen hat und dann aufwacht, ohne das Licht zum Scheinen und den Computer zum Schreiben bringen zu können. Ein Erdbeben hätten die Tegtmeiers akzeptiert, aber nicht diesen lang anhaltenden *blackout*. Mit Recht, wird man hier schon objektiv sagen müssen, und so flogen sie also deutscher denn je in die Heimat zurück, nachdem auch die Transvestiten-Show von San Francisco keinen Vergleich aushielt mit St. Pauli oder gar dem Dortmunder Steinplatz, Amerika hatte es da eben doch nicht besser, was sich nur bestätigte, als einer der Stars in der wirklich eher harmlosen Show fragte, woher denn die Gäste kämen und gar nichts anfangen konnte mit dem Namen Recklinghausen. Im Vergleich zu Recklinghausen wurde den Tegtmeiers Kalifornien also zu allemal tiefer Provinz, und da war etwas dran, musste sich der verliebte Stipendiat zähneknirschend eingestehen.

*

Haben Sie schon *Milk* gesehen, den neuen Film mit Sean Penn, in dem es um die frühe Geschichte des *gay movement* von San Francisco geht, während der siebziger Jahre, als die »Castro« genannte Gegend der Stadt zu einem Zentrum des Lebens für homosexuelle Männer wurde, zu einer selbstbewussten, freundlichen Welt, die sich dann fast zwei Jahrzehnte, bis zum Beginn der Aids-Epidemie, in einer Euphorie über ihr eigenes Gelingen feierte? Harvey Bernard Milk, der dem Film seinen Namen gibt, hatte ein Geschäft für Fotozubehör und fühlte sich zur Kandidatur für den Posten eines Supervisors in der Stadtverwaltung berufen, weil er entschlossen war, seine Homosexualität so offen zu zeigen, dass sie für alle unwiderstehlich annehmbar werden musste. Was einem aus individueller Perspektive, wie gesagt, manchmal zu viel werden kann, nämlich die kalifornische Sorge so vieler anderer um die eigenen Interessen und das eigene Wohlbefinden, kann man jetzt, dank *Milk*, verstehen als die wichtigste Bedingung für die Entstehung des schwulen Castro. Denn erstaunlich schnell ging es damals einer Wählermehrheit in San Francisco auf, dass Homosexuelle – wie jede andere Minderheit – ein zunächst moralisches Recht hatten, ihre eigenen Lebensformen zu wollen und zu verköpern. Die Formbarkeit jener Gesellschaft, ihre Bereitschaft, dominierende Werte zugunsten einer Minderheit umzustellen, hatte damals ihresgleichen nicht in der Welt, was die Tegtmeiers dieser Welt vor lauter Straßenschäden und *blackouts* übersahen. Allerdings setzte diese soziale Formbarkeit ohne dominierende Mehrheit und Ureinwohner immer schon ein Opfer voraus, an das sich niemand mehr erinnert. Im späten neunzehnten Jahrhundert wurde Ishi, offenbar der letzte Überlebende eines Volkes, das jahrhundertelang in den nördlichen Landschaften des heutigen Kalifornien gelebt hatte, ohne Widerstand festgenommen. Man übergab Ishi der Verwaltung der University of California at Berkeley, wo er als Ausstellungsstück des neu entstehenden Museums für Anthropologie aufgenommen und registriert wurde, kleine Auftritte gegen Gebühren bestritt und nach ein paar Jahren an einer Grippe starb, deren Erregern sein Körper nichts entgegenzusetzen hatte. Harvey Milk und George Richard Moscone, jener Bürgermeister von San Francisco, der Milks politisches Talent erkannt und ihm zu erheblichem Einfluss verholfen hatte, wurden am Morgen des 27. November 1978 von Dan White erschossen. White war ein zunächst gewähltes und dann zurückgetretenes Mitglied der Stadtverwaltung, dessen Motive nie ganz aufgeklärt worden sind und der mit einer Gefängnisstrafe von sechs Jahren davonkam, um sich zwei Jahre nach seiner Begnadigung umzubringen. Man nennt hier solche besonders kalifornischen Tode *»tragedy«*, betrauert sie ebenso schnell wie wirkungsvoll auf lokalen Fernsehprogrammen und sehr öffentlichen Beerdigungen und lebt dann weiter (*»you move on«*). *Moving on* ist eine andere kalifornische Stärke, eine Stoik, die nichts von sich selbst weiß, so wie ja auch jene *tragedies* nicht die Spannung und Paradoxien alter Tragödien haben, sondern bloß Fälle von Leben sind, die sich allen didaktisch ehrgeizigen Sinngebungen sperren.

*

Wenn man von San Francisco über den erhabenen Bogen der Golden Gate Bridge nach Norden und ins Landesinnere fährt, wird aus der Autobahn bald eine bescheidene Landstraße, die durch ordentliches Farmland führt. Seit der Mechanisierung einiger weniger landwirtschaftlicher Arbeitsgänge, vielleicht vor einem halben Jahrhundert, hat sich hier wohl nicht viel verändert, das bestätigen die Autos, meist *pick-up trucks* mit Halbtonner-Ladefläche. Dann stößt die Landstraße auf einen historisch ausstaffierten Zug, der entlang jener fünfzig Meilen pendelt, über die sich die berühmten Weingärten von Napa Valley erstrecken. Auch dort sieht man ruhige Ordnung und dieselbe bewährte Technologie, in der sich der erste Eindruck einer forcierten Touristen-Zuwendung bald verflüchtigt. Wohlbestellt sehen die riesigen Weingärten aus (oder soll man sie Weinfelder nennen?), und die Güter, die gelassen Weinproben und Verkauf in kleinen Mengen anbieten, müssen immer schon hier gewesen sein. Längst ist der kalifornische Wein ja bei den internationalen Auktionen auf die Seite der Traditionsprodukte gerückt, und doch sind viele der Güter weiter in der Hand der Familien, die sie gegründet haben. Nirgends sehen Kalifornien und Amerika solider aus als hier, wo überall die Westküsten-Version von *old money* durchschimmert, konsolidiert über viele Generationen, die stolz darauf gewesen sind, einem sehr elementaren Beruf immer neue Differenzierungen abzugewinnen und die das Wort »Überbeanspruchung« wohl nur aus orthopädischen Diagnosen kennen. Viele Nachkommen von denen, die seit dem neunzehnten Jahrhundert hier Wein angebaut haben, leben in San Francisco, sie sind die »klassischen« italienischen Familien der Stadt. Manche von denen, die hiergeblieben sind, um das Weinland zu pflegen, unterhalten kleine Pensionen und exklusive *estates*, wo die Gäste kalifornische mit den allerseltensten französischen Weinen vergleichen können oder lernen, *croquet* zu spielen, den Sport der englischen und französischen Aristokraten im siebzehnten Jahrhundert. Wer sie nicht von innen kennt, würde den Gebäuden und Geländen kaum ansehen, wie schön sie sind und wie teuer es sein muss, ein Wochenende dort zu verbringen. Fast einen calvinistischen Stil tiefgestapelter Solidität pflegen die ganz reichen Kalifornier, die schon vor Silicon Valley hier waren – aber natürlich ist *new money* jederzeit herzlich willkommen. Sichtbare soziale Schranken oder Hierarchien gibt es nicht einmal zwischen den obersten Schichten.

Leland Stanford war von 1861 bis 1863 Gouverneur von Kalifornien für die republikanische Partei von Abraham Lincoln. An der Finanzierung und Organisation des transkontinentalen Eisenbahnbaus war er entscheidend beteiligt. Als seine Frau Jane Elizabeth Lathrop Stanford schon über vierzig war, gebar sie den einzigen Sohn des Paars, Leland jr., der, umgeben vom unermesslichen Reichtum der Eltern und getragen von ihrem Ehrgeiz, das Leben eines Kronprinzen lebte. 1884, in seinem sechzehnten Lebensjahr, schickten die Stanfords Leland jr. auf eine Europareise, wo er in der Türkei an Typhus erkrankte und schließlich in einem Haus am Arno-Ufer in Florenz starb. Verzweifelt suchten die Eltern mit dem toten Sohn Kontakt aufzunehmen und waren am Ende überzeugt, dass ihnen dies bei einer spiritistischen Sitzung in Paris gelungen sei. Auf die Frage, was sie zu seinem Gedächtnis ins Werk setzen sollten, hatte ihnen Leland jr. aufgetragen, *»a university for poor kids«* zu gründen. Die Eltern wählten für das Projekt ein Terrain auf der Halbinsel zwischen San Francisco und San José, wo der Gouverneur bis dahin Trabrennpferde hatte züchten lassen; sie beauftragten den Architekten Frederick Law Olmsted, der den Central Park in New York und zahlreiche Universitätsgebäude entworfen hatte, mit der Entwicklung eines grundlegenden Plans für den neuen Campus, und es gelang ihnen auch, mit riskant hohen Gehältern eine Phalanx von Professoren in den damals noch so fernen Westen zu locken. Dennoch glaubte niemand, dass es neben den etwa vierhundert Studenten, die auf der anderen Seite der Bay von San Francisco in Berkeley eingeschrieben waren, noch eine relevante Zahl von Studienwilligen im Staat geben könne. Die größte Überraschung in der Geschichte der Leland Stanford Jr. Memorial University waren deshalb die vierhundert Studenten, die sich für das erste Studienjahr 1891/92 meldeten, ohne dass die Studentenzahl in Berkeley zurückging, unter ihnen Herbert Hoover, der in den späten zwanziger Jahren zum Präsidenten der Vereinigten Staaten gewählt werden sollte. Über gute fünfzig Jahre war Stanford eine solide Universität, die vor allem durch ihre ausgezeichnete Football-Mannschaft von sich reden machte. Dann erlangte eine Generation von Ingenieuren, Naturwissenschaftlern und Wirtschaftswissenschaftlern nach dem Zweiten Weltkrieg internationale Reputation für ihre Universität. Zwar gibt es – außer dem Verweis auf den hohen Anteil von Kriegsveteranen, die damals in Stanford auf Kosten der Regierung studierten – keine allgemein akzeptierte Erklärung für diese Leistungsexplosion, doch es ist klar, dass aus ihrer Dynamik Silicon Valley entstand und die Welt elektronisch revolutionierte. Heute hat sich Stanford unter den besten Universitäten der Welt etabliert, als eine besonders arbeitsintensive und ernste Institution, deren manchmal an Euphorie grenzendes Selbstbewusstsein immer noch vom Erfolg der Studenten und Professoren abhängt. *»Stanford is as good as Harvard, Princeton or Yale, without the attitude«*, sagte der Philosoph Richard Rorty, der seine akademische Laufbahn dort beschloss und dort auch starb. Er meinte, dass in Stanford nichts vom Status ihrer Familien in die Beziehungen zwischen den Studenten hineinrage. Gerne demonstriert die Universität mit allerhand Statistiken, wie besonders beliebt sie unter den Höchstbegabten aus Minderheitengruppen ist. Hier muss man so viel von Minderheiten reden, weil es niemandem erlaubt ist, in der Minderheit zu sein. Kein Wunder also, dass die Emergenz von Silicon Valley nicht bloß eine technologische, sondern, was die neuen, nichthierarchischen Formen der Zusammenarbeit und die Herkunft der jüngsten Milliardäre angeht, auch eine soziale Revolution war, freilich eine selten erwähnte.

*

Hollywood, Castro, Silicon Valley, in drei nachhaltigen Wellen mindestens: mit dem Film, dem *gay movement* und der elektronischen Technologie (hinzu kommen Hunderte anderer Erfindungen und Trends) hat Kalifornien im zwanzigsten Jahrhundert das Lebensgefühl der Menschheit verändert. Jetzt gerät eben dieses Lebensgefühl mit der neuen Weltwirtschaftskrise, deren Folgen und Ende noch niemand absehen kann, möglicherweise an sein Ende. Sollte sich die amerikanische Wirtschaft je wieder erholen, dann nicht mehr mit Silicon Valley, las ich neulich, ohne diesen Satz ganz zu verstehen. Seit der Mitte des zwanzigsten Jahrhunderts, als Kalifornien noch vor allem ein Versprechen war, hat eigentlich jede internationale und nationale Krise Anlass gegeben, Kaliforniens Ende vorherzusagen – und auf taube Ohren stoßen solche Prognosen an der pazifischen Küste weiß Gott nie: Man rechnet hoch, unter welchen Bedingungen Silicon Valley implodieren oder Stanford zahlungsunfähig werden könnte, und für die Weinlese in Napa Valley sieht man ohnehin schon seit einigen Jahren vielfältige Gefahren durch das *global warming*. Über all diese Szenarien wird so aktiv und leidenschaftlich nachgedacht, dass der ermutigende Eindruck entsteht, die jeweils letzte Krise sei nichts als ein Anlass für produktive interne Reformen. Das ist auch 2009 der Fall – und vielleicht die globale Ausnahme in unserer unerhörten Gegenwart. Nordkalifornien hat ja schon seit jeher unter der Drohung eines dramatischen Endes gelebt, und diese Drohung eines vernichtenden Erdbebens ist statistisch wohl immer noch wahrscheinlicher als die einer wirtschaftlichen Totalimplosion. Wieso, wurde nach dem letzten großen Erdbeben gefragt, im September 1989, wieso ist die Gegend um San Francisco trotzdem eine der begehrtesten Wohngegenden der Welt? Eigentlich kann das nicht »trotz«, sondern nur »wegen« dieser Gefahr der Fall sein. Vielleicht braucht eine Gesellschaft, deren Prinzip »Formbarkeit als Bereitschaft zu strukturellem Wandel in jedem Moment« heißt, eine permanente Herausforderung, um als permanente Reaktion darauf bestimmte Formen statt anhaltender Beliebigkeit von Formen zu finden, eine Vielzahl von bestimmten Formen statt ihrer permanenten Absenz. Und vielleicht braucht eine Gesellschaft als Gegengewicht zu solcher Beweglichkeit die gekonnte Ruhe von Napa Valley und auch die von Escalon, dem Städtchen an der Straße zum Naturpark von Yosemite, das sieben Kirchen hat und sie gewiss an jedem Sonntagmorgen füllt, plus ein Highschool-Footballteam, auf das man dort, falls Inschriften und Plakate entlang der Hauptstraße ein Indiz sind, sehr stolz ist, weil ja außer Sieg und Niederlage an Freitagabenden nichts auf dem Spiel steht in Escalon.

*

Die Meinung, es gebe in Kalifornien keinen Wechsel der Jahreszeiten ist die Blindheit derer, die ohne Schneematsch nicht leben können. Ich selbst hänge vor allem am Herbst, den ich mit *American football* verbinde, so wie für andere mit *baseball* der Frühling beginnt. Es ist nicht ungewöhnlich, sich noch im November bei Spielbeginn am frühen Nachmittag darüber zu ärgern, dass man ein schwarzes T-Shirt anhat, weil die Hitze unter einer anderen Farbe weniger spürbar wäre. Fast vier Stunden später, bei Anbruch der frühen Nacht, freue ich mich über den Pullover auf der Haut und glaube, dass mein Atem kleine Wolken in die Luft schickt. Wir warten auf die Spieler, die noch in Spielkleidung aus der Kabine kommen, um ihnen zu gratulieren, sie wissen zu lassen, dass wir ihre Niederlage nicht übelnehmen oder, im schlimmsten Fall, schweigend einfach da zu sein. Diese plötzlich so kühlen Abende, die nach Baumrinde riechen, auch nur für eines der mir bleibenden Jahre zu vermissen, wird schwer sein. Ich ahnte die unwiderrufliche Fixierung auf den Ort schon, als ich zum ersten Mal hier war, halb so alt wie heute. Ganz konzentriert auf Kalifornien war ich und regelrecht unansprechbar, sagte meine Familie. Vielleicht habe ich den Sog einer Kultur gefühlt, in der wirklich keine Möglichkeit begrenzt oder gar ausgeschlossen ist, weil nie eine einzige Wirklichkeit auf Dauer dominieren darf; in der auch solche Initiativen eine Chance haben und sich durchsetzen, die ganz absurd aussehen, weil man sich auch um solche Kalifornier sorgt, die das anscheinend Absurde wollen. Man muss sich erfinden hier, sich selbst erfinden statt der Welt, und auch dies nicht zu tun, ist eine Lebensform, die man wählt, weil, wo nichts festgelegt ist, niemand an der Freiheit vorbeikommt. Über mein Leben hinaus möchte ich am Pazifik bleiben.

[2009]

Demokratische Aristokratie

Sie waren erst ein paar Tage vorher in der kleinen Universitätsstadt mit dem freundlichen Wetter und den reichen Pensionären angekommen, wo sie inzwischen schon dreizehn Jahre wohnen, da fand er in seinem Postfach einen unfrankierten Brief an sie, der sie beide bemerken ließ, wie weit sie nun von zu Hause entfernt waren, ohne sich von der Stelle bewegt zu haben. Abigail K., des Universitäts-Präsidenten junge Gattin, die sich, wie es hieß, so gerne *First Lady* nennen ließ, dass die Befürchtung aufgekommen war, sie höre diese Worte ganz ohne Ironie, lud die Professoren-Gattinnen zu einem Nachmittag in Calistoga ein. Dort wolle man zunächst eine »fast hundert Jahre alte Bäckerei« (was in Kalifornien so gewichtig klingt wie in Europa zum Beispiel »eine römische Therme«) – dort wollte man also eine alte Bäckerei unter sachkundiger Führung von Professor W. besichtigen – und später mit den Kindern eines Waisenhauses Volkslieder singen, aber nicht ohne sich zwischen Bäckerei und Waisenhaus im kühlen Schatten eines Parks mit altem Baumbestand Champagner, Canapés und Trüffeltörtchen (aus der zu besichtigenden Bäckerei) reichen zu lassen. Die vorab auf 2000 Dollar geschätzte Summe aus Teilnahmegebühren von mindestens 40 Dollar pro Gattin könne dann ohne Abzüge dem Waisenhaus zur Anschaffung von Halloween-Kostümen übergeben werden. »Ohne Abzüge« deshalb, weil freundlicherweise alle Unkosten für die *»Canapés sur les herbes«* genannte Veranstaltung von einem ortsansässigen Autogroßhändler übernommen würden, der nicht nur 1963 sein Abschlussexamen an »unserer Universität« bestanden, sondern auch für ihre Football-Mannschaft gespielt habe. »Zur Hofdame bin ich nicht geboren«, sagte sie mit ihrer eigenen Unbeirrbarkeit zu ihm, der insgeheim gehofft hatte, sie möge von dieser Einladung beeindruckt sein, und nun bemerkte, wie enttäuscht er war, wohl nie erfahren zu können, welche Farben und Rocklänge Abigail K. bei Canapés im *Indian summer* und unter den markigen Eichen tragen würde.

*

Kurz vor Weihnachten kam er von einem Kolloquium in Sintra (Portugal) zurück und musste, da er im vorweihnachtlichen Reiseverkehr keinen Direktflug an die Westküste mehr bekommen hatte, sein Gepäck, was immer auf die eine oder andere Weise kompliziert und unangenehm ist, in New York durch den Zoll bringen. Nun steht es, wenn er dies recht versteht, prinzipiell im Belieben amerikanischer Zöllner, welche Gebühren sie für eingeführte Güter erheben wollen (sie haben sogar aus den zwanziger Jahren das – selten in Anspruch genommene – Recht, Alkoholisches ohne weitere Erklärung zu konfiszieren). Sein an jenem Tag selbst für New Yorker Verhältnisse besonders unfreundlicher Zöllner jedenfalls ließ ihn den Koffer öffnen, tastete sich dann mit Gummihandschuhen und zäher Geduld durch gebrauchte Unterwäsche ebenso wie voluminöse Vortragsmanuskripte, um schließlich auf das schon geschenkfertig verpackte Kettchen mit seinem wahrhaft mikroskopischen Diamanten zu stoßen. Ob der Wert »dieser Juwelen« denn wirklich berücksichtigt sei in dem für »eingeführte Güter« auf dem Formblatt angegebenen Pauschalbetrag, fragte der Beamte. Ja, sagte er, aber er könne das nicht beweisen, da er die portugiesische Rechnung nicht aufgehoben habe. Der Zöllner kündigte an, dass er unter diesen Umständen 1500 Dollar für die Einfuhr des Kettchens berechnen werde. Das wollte er natürlich nicht zahlen, und so war der Moment gekommen, wo Amtsgewalt bürgerlichen Widerstand bricht – als der Zöllner plötzlich Namen und Emblem seiner Universität am oberen Rand eines Namensschilds sah. Dass er dort Professor sei, konnte er nun wirklich guten Gewissens bestätigen (und sogar belegen). Warum er das denn nicht gleich gesagt habe, fragte kleinlaut der Zöllner, denn dem Professor einer so angesehenen Universität hätte er ja nie die Absicht unterstellt, den Staat um ihm gesetzlich zustehende Einkünfte zu bringen.

*

Welche von diesen beiden Geschichten ist die undemokratischere? Und welche von ihnen würde den Durchschnittsamerikaner ärgern? Ohne Zweifel die erste. Denn Privilegien ohne den Sockel persönlichen oder kollektiven Verdienstes sind inakzeptabel – und Abigail K. war nie mehr als die Frau des Universitäts-Präsidenten (mehr über ihre längst vergangene Zukunft später). Als Professor – und ohnehin als Student – einer angesehenen Universität aber genießt man in den Vereinigten Staaten die Privilegien einer Elite, welche kein Egalitätsprinzip im Alltag brechen kann. Einer, dem die Gesellschaft ihre besten Töchter und Söhne anvertraut, so könnte man die Folgerung des Zöllners etwas zu vollmundig beschreiben, verdient beinahe blindes Vertrauen; ein Vertrauen, zu dessen Entstehung und Konsolidierung Generationen von Studenten und Kollegen beigetragen haben – und dessen man sich täglich würdig erweisen soll. Denn so viel hat er auf jener vorweihnachtlichen Rückreise – etwas beschämt – gelernt: Quittungen verlieren, um eventuell Einfuhrgebühren zu sparen, ist nicht der Stil jener Elite, zu der er längst (und mit immer weniger schlechtem Gewissen) gehören möchte.

*

Es gebe ja gar keine Graffiti auf dem Campus, bemerkt scheinbar beiläufig der Kollege aus Potsdam, ohne dass klar wird, ob er im Unterton Herablassung oder Bewunderung durchklingen lassen will. Seine Studenten sind ziemlich stolz auf die fleißig (aber kaum je perfekt) bewässerten Grünflächen und auf die Gebäude, die beinahe an allen Universitäten dieses Kalibers irgendeinem Historismus der vorigen Jahrhundertwende zuzurechnen sind (überall gibt es auch das eine oder andere Bauwerk vom Reißbrett eines in jüngster Vergangenheit prominent gewesenen Architekten, aber anscheinend haben die Universitäten bei der Wahl solcher Architekten eine eher unglückliche Hand: Der Sichtbeton-Klotz des Museums in Harvard ist nämlich mindestens genauso hässlich wie, um nur ein Beispiel zu nennen, die meisten in Deutschland während der siebziger Jahre gebauten Kirchen). Eher als postmodern-ästhetische Ambitionen passen Understatement und Skurrilität zu den Campus-Bauten. Ein Department mit vier Nobelpreisträgern residiert in einer umgebauten Feuerwehrgarage, der Historiker mit dem Pulitzer-Preis in einer nur schwer auffindbaren spitzwegschen Dachkammer. Die Studenten, deren Eltern mehr als 35 000 Dollar pro Jahr zahlen, damit ihre Kinder hier sein können, sind untergebracht in Zweier-Zimmern, deren spartanische Möbel so schonungslos sind wie die Enge des umbauten Raums. Und trotzdem nirgends Graffiti. Stattdessen bewundernde Reisegruppen aus Texas, Nebraska und South Dakota, die sich über den Campus führen lassen, als seien sie nach Versailles oder zum Forum Romanum gekommen. Und während ihnen laut Anweisung der Verwaltung niemand verraten soll, in welchem *»dorm«* Chelsea Clinton geschlafen hat (oder, einige Jahre früher, Tiger Woods), klingen tausend Namen von Spendern, die den Gebäuden ihre

Namen gegeben haben, in den Ohren der Besucher, zusammen mit all den Entdeckungen, die hier schon gemacht worden sind. Auch das Stammkapital der Universität wird voller Stolz erwähnt (acht Milliarden) und danach mit noch größerem Stolz durch die eisern limitierte Zahl der Studenten geteilt. Trotzdem würde kein Gesamthochschulkanzler sein frisch möbliertes Repräsentativ-Büro ohne weiteres mit dem Office des Präsidenten von Princeton tauschen wollen, wo einst Woodrow Wilson saß, bevor er ins Weiße Haus einzog.

*

Es gibt nicht viel zu sehen auf dem Campus, und das ist hier genauso Prinzip wie bei den Bank-Milliardären im calvinistischen Genf. Denn eben dass man es nicht nötig hat, etwas vorzuzeigen, ist der Inhalt hochakademischer Repräsentation. Nur Ölmagnaten aus Texas trumpfen auf mit den *acres* ihrer Ranch und dem Haarvolumen ihrer Töchter. Universitäten aber konzentrieren sich auf das Wesentliche, und dass sie wissen, was für sie wesentlich ist, ohne es beweisen zu müssen, gehört zu dem in die Eliten gesetzten Pauschal-Vertrauen. Solche Universitäten sind wie mittelalterliche Klöster, hat er zu schwärmen gelernt in den Gesprächen mit zukünftigen Doktoranden, die er überreden soll, hierherzukommen, für ein großzügiges (aber nie opulentes) Stipendium; ihre Erotik, sagt er – und man erlaubt einem Geisteswissenschaftler dieses Wort, solange es klingt, als zitiere er Lacan: ihre Erotik also komme aus der ausschließlichen Konzentration auf intellektuelle Arbeit. Und was den Klöstern ihre Kirchengebäude waren, denkt er weiter, sind auf dem Campus die Bibliotheken, nämlich *»cathedrals of learning«*. Aber nur in Pittsburgh, im amerikanischen Bochum, ist das ein offizieller Name geworden.

*

Bei der Auswahl ihrer Professoren kämpfen die amerikanischen Universitäten mit aggressivem Misstrauen gegen sich selbst. Nur ein Drittel der zunächst für sechs oder sieben Jahre eingestellten *Assistant Professors* soll auf Lebenszeitstellen gelangen (wobei die Semantik der einschlägigen Dokumente viel weniger sozialdemokratisch ausfällt: *»tenure«* heißt, einen Vertrag *»without limitation of time«* zu haben). Griffe die Verwaltung nicht ab und an korrigierend ein, so würde diese Anzahl wohl meistens unterboten, denn viele Departments halten es für ein Symptom akademischer Metanobilität, möglichst keine(n) ihrer *junior colleagues* ins siebte oder achte Jahr zu übernehmen. Als er damals, was fast typischer ist als die Beförderung vor Ort, aus einem anderen Land hierher berufen wurde, da waren, hat er gerüchteweise gehört, um die dreißig vergleichende Gutachten nötig, um Kollegen und Aufsichtsrat davon zu überzeugen, dass er der Richtige sei. Und schon die Gegenstimme auch nur eines hinreichend eminenten Kollegen hätte genügt, um die Berufung scheitern zu lassen. Wie wird nun einer so eminent, dass seine Stimme allein womöglich Berufungen verhindert? Durch Konzentration und Geduld heißt die (natürlich leicht idealisierte) Antwort. Ein gutes Zeichen auf dem Weg zur – in jedem Fall strahlend grauen – Eminenz ist es wohl, wenn man spätestens fünf Jahre nach der Berufung an eine Universität (und genauso geschieht es bei etwa dreißig Prozent der Kollegen) auf einen ihre Stiftungslehrstühle befördert wird (nur neureiche Universitäten vergeben Stiftungslehrstühle gleich zum Zeitpunkt der Berufung). Nichts als Ehre ohne Mittel bedeutet ein solcher Lehrstuhl, denn die meisten jener Stiftungen, von deren Zinsen die Gehälter der Lehrstuhl-Inhaber gezahlt werden sollen, wurden vor so vielen Jahren gemacht, dass sie auf dem Kapitalmarkt nur einen

Bruchteil der zu bestreitenden Gehälter produzieren. Die nächste Stufe auf der eher sanft geschwungenen Treppe der amerikanisch-akademischen Ehre ist dann kein Dekanat, sondern eher die allgemeine Erwartung gegenüber dem Dekan oder dem Präsidenten, dass sie einen so eminenten Kollegen zu Beratungsgesprächen (und zu Arbeitsessen mit Botschaftern etwa) einladen sollen – und dass die Präsidenten-Sekretärin ihn am Telefon ohne Warteschleife in Sekundenschnelle durchstellt. Die Hauptgegenleistung der Eminenzen liegt darin zu denken (und vor allem zu sagen), dass sie dort sind, wo sie sind, weil diese Universität nahe am Ziel sei, die beste Universität der Welt zu sein. Es gibt folglich nur ein weiteres Ziel: sie zur allerbesten Universität der Welt zu machen. Keine Institution ist meritokratischer als diese Universitäten, und ebendeshalb sind Jahrzehnte mit unbefleckt positiven Studentenbewertungen für Vorlesungen und Seminare die wichtigste und die einzig wirklich unverzichtbare Stufe auf der Leiter zur Eminenz. Mit einigem Abstand folgen eher wenige, aber von prominenten Fachvertretern positiv rezensierte Bücher als viele kleine Artikelchen. *»Publish or perish«* ist trotz der englischen Worte eher eine deutsche Universitäts-Maxime. Kann und darf man sich aber so sehr auf das Urteil der Studenten verlassen, fragt da scharf und amerikakritisch die Gewerkschaft Erziehung und Wissenschaft, und aus Yale tönt die aufs Gute im Menschen setzende Antwort, dass niemand so zuverlässige Qualitätsurteile liefere wie eben unsere wunderbaren Studenten – vorausgesetzt, man gibt sich hinreichend Mühe mit ihrer Auswahl. Umgekehrt soll sich in der Resonanz auf Lehrveranstaltungen endlich und definitiv zeigen, ob die Berufung eines Professors als »gelungen« anzusehen ist.

*

Für keinen Schüler ist es sinnvoll, sich an so einer Universität ohne brillante Abschlussnoten von der Highschool zu bewerben, und nur einem Zehntel der Interessenten wird überhaupt ein Studienplatz angeboten. Sehr gute Noten sind natürlich Voraussetzung für die Aufnahme, aber sie stehen nicht im Zentrum der intensiven Lektüre aller Unterlagen. Derzeit hält man vor allem Ausschau (doch die dominanten Grundkriterien der Auswahl verändern sich beständig) nach spezifischen und außergewöhnlichen Potentialen (*»the angular student«*), die sich bei einem Bewerber entdecken lassen. Man will den Eindruck gewinnen, dass er als Student ein interessanter Kommilitone für die anderen Studenten sein könnte, und vor allem: Man prüft, ob er etwas aus den ihm je gegebenen Möglichkeiten gemacht hat. Das genau ist der Sinn der *»affirmative action«*, die Selbstverpflichtung dieser Universitäten, eine bestimmte Anzahl von Studenten aus unterprivilegierten Minderheiten aufzunehmen – in den meisten Fällen unter Verzicht auf Studiengebühren. In jeden ihrer ausgewählten Studenten investiert die Universität dann einen Betrag, der jährlich gut das Dreifache der offiziellen Studiengebühren ausmacht. Aber ebenso offiziell gewährt sie auch den Söhnen und Töchtern von ehemaligen Studenten (und sogar den Kindern der eigenen Professoren) einen Bonus. Doch ein Feudalsystem?

*

Standesbewusstsein ist hier an Leistung gebunden, aber da die Leistung, die Standesbewusstsein vermittelt, vor allem als Leistung von Institutionen wahrgenommen wird, gibt es – unvermeidlich vielleicht auf individueller Ebene – eine gewisse System-Toleranz für Nieten. Weniger unter den Studenten, denn sie können über Prüfungen und Noten motiviert und notfalls auch eliminiert werden. Aber gewiss gibt es

Nieten unter den Professoren mit entfristeten Verträgen. Wie er solche Kollegen ausmacht? Nicht ganz einfach findet er die Frage, aber er hat immerhin einen grundsätzlichen Verdacht gegenüber denen, die das Gebot des Understatement zu oft brechen und ihren Namen zu oft neben den der Universität setzen. Die andere Art von Nieten versteckt sich in der Bibliothek oder im Labor, um mit der selbstauferlegten Verpflichtung zu einem 16-Stunden-Tag für das Ausbleiben des obligaten Erfolgs in Forschung und Lehre zu büßen – wie die Bewohner von Dantes Fegefeuer, bloß ohne Hoffnung auf ein Vorrücken ins Paradies. Was aber die Institution leistet und worauf die Professoren ihr Selbstgefühl bauen dürfen, das zeigt sich in den Studenten, vor allem in den Undergraduates, die im Allgemeinen ihre vier Jahre College zwischen dem achtzehnten und dem zweiundzwanzigsten Lebensjahr absolvieren. Bei ihrer Erziehung soll es nicht vornehmlich um »berufsqualifizierende Kompetenzen« gehen, vielmehr steht die Kontinuität und Bildung von Eliten auf dem Spiel – statt der Ausbildung von Kadern. Es beeindruckt ihn sehr, wie Undergraduates gewachsen und gereift sind, wenn sie zwei oder drei Jahre nach der ersten noch eine zweite Lehrveranstaltung bei ihm belegen. Sie haben Sprachen gelernt, sie sind – innerhalb eines immer noch als Studium generale ausgelegten Curriculums – auf dem neuesten Stand der naturwissenschaftlichen Forschung, aber vor allem ist es oft für ihn – im Lauf von nur wenigen Monaten – eine viel größere Herausforderung geworden, mit den Studenten zu diskutieren. *»They shine«*, sagen wir mit möglichst unterkühltem Stolz und finden sie, uns selbst fast hörbar auf die Schultern klopfend, elegant, gelassen, zuversichtlich, selbstbewusst und kultiviert. Sie sind zu Kosmopoliten geworden, zu Intellektuellen – oder auch zu Weltklasse-Sportlern und herausragenden Konzert-Musikern. Allerdings nicht primär durch ein schon immer etwas überlastiges Wissensquantum, das ihre Computer, die Bücher in der Bibliothek und wir Lehrende ihnen vermitteln sollen, sondern, so hoffen wir jedenfalls, vor allem durch die intellektuelle Reibung und Provokation, die wir so lange als möglich für sie sein wollen – und die sie Tag für Tag besser und intensiver an uns zurückspielen. Das soziale Urteil über das Gelingen von Bildung, das Kriterium für die Zugehörigkeit zur Elite also, ist am Ende durchaus ästhetisch: »*She received a beautiful education*«, sagt man. Und er ergänzt noch fast verschämt: »*Sometimes I think they even end up looking better, I mean physically and in terms of clothing.*«

*

Ist das eine Erziehung für Prinzessinnen und Prinzen? Und warum denn nicht? Die bessere – aber nun wirklich etwas exzentrische – Parallele wäre (von Inkarnation zu Inkarnation) die Erziehung der kleinen Dalai Lamas. Denn sie verdanken ihre Privilegien nicht der Geburt, sondern dem Umstand, dass sie die Einzigen waren, die als Neugeborene jener Trommel Töne zu entlocken wussten, welche die Mönche allen Neugeborenen Tibets reichten.

*

Inzwischen hat er sich eine Sammlung der immer gleichen Fotos vom alljährlichen Hoffest angelegt: immer wieder er im Talar, von Jahr zu Jahr das erwartbare bisschen älter, stets Arm in Arm mit strahlenden Studentinnen oder Studenten, auch im Talar, ausnahmslos von Eltern aufgenommen, deren unakademischen Festtagsstaat die Bilder kaum festhalten. Warum das Hoffest am Ende des Studienjahrs ausgerechnet »*commencement*« heißt, hat er nie verstanden, aber er legt es so aus, dass der Name den Beginn des »wirklichen Lebens«

für die Studenten markieren könnte. Kein wichtigeres Schwellenereignis und keine größere Festfreude (die *vroide des hofes* feierten mittelhochdeutsche Minnesänger) gibt es im Leben einer amerikanischen Familie als das *commencement*. Es ist die Extroversion der Freude über sich selbst innerhalb einer ohne schlechtes Gewissen exklusiven Welt, es ist eine Elite, die ihre Novizen und sich selbst auf dem beflaggten Campus und an langen Buffet-Tischen feiert, vereint und geteilt in Eltern, Absolventen und Professoren. Nicht einmal das Sommerwetter ändert sich je – und schon gar nicht das Ritual. Jedes einzelne Leben ist auf erfolgversprechende Bahn gebracht, die Investition von 150 000 Dollar pro Student ist schon jetzt amortisiert (und jedenfalls vergessen), von Opfern, Leistungen und nun bald zu tragender Verantwortung handeln die Reden, und ein letztes Mal dürfen die *Graduates* ausgiebig Kinder, nun beinahe erwachsene Kinder sein. Sie tragen ostentativ Turnschuhe unter den Talaren, schubsen, während der Präsident akademisch-sakrale Worte zelebriert, einen Beach-Ball durch ihre Reihen und sind in das Stadion, wo sie zu Bachelors of Art ernannt werden sollen, eingelaufen wie eine verrückt gewordene Football-Mannschaft. Bevor das Fest des beginnenden Lebens begann, hatten die fünfzehnhundert Absolventen bereits mehrere hunderttausend Dollar gesammelt für ihr erstes und letztes kollektives Geschenk an die Universität, die heute zu ihrer Alma Mater wird.

*

Ein Harvard-, Yale-, Princeton- oder Stanford-Absolvent zu sein gibt ihnen eine Rangorientierung fürs Leben und verschiedene Tonlagen des Stils vor, so wie früher wohl allein die Geburt in je verschiedene Clans des europäischen Adels, einschließlich des Bewusstseins (da denkt er an den Zöllner von New York), dass »Adel verpflichtet«. Dieser ziemlich demokratische Adel ist das Rückgrat der Nation und wird es wohl, sich stets erneuernd, auf absehbare Zukunft bleiben. Seine Kontinuität verdankt sich einer bemerkenswerten Konvergenz gegenläufiger Prinzipien. Privilegiert werden sowohl jene Studenten, deren Eltern und Großeltern schon dieselben Privilegien genossen haben, als auch jene anderen, deren Eltern und Großeltern am weitesten von denselben Privilegien entfernt waren. Die erste der beiden Gruppen vor allem trägt die aus diesem Prinzip entstehenden Kosten, aber es käme niemandem in den Sinn, gegen solche finanzielle Asymmetrie Gleichheitspostulate ins Feld zu führen. Man weiß, dass es keine bessere Investition für die Zukunft des eigenen Clans gibt. Deshalb verpflichtet *old money* nur noch mehr als alter Adel, während *new money* die Privilegien des demokratischen Adels nicht kaufen kann. Leistungsunwillige (was für ein unamerikanisches Wort!) Kinder von Silicon-Valley-Mogulen werden sich und ihre Kinder aus den von den Eltern angelegten *trust funds* versorgen, ohne je die wichtigsten Ämter und Würden im Land zu erlangen. Denn keine Universität kann es sich leisten, Enkel von Spendern allein wegen der Spenden mit einem Bonus auszustatten.

*

Und Abigail K. samt ihrer vergangenen Zukunft sollten wir doch trotz der Katerstimmung des Tags nach *commencement* nicht ganz vergessen. Ziemlich genau ein Jahr nach ihren *Canapés sur les herbes* setzte sich im Büro des Präsidenten, ihres Gatten, ein Steuerprüfer von finsterster Miene fest, der zudem überzeugt war, in einem Riss, der durch das Gemäuer der Universitätskirche ging, den unmissverständlichsten Wink des Himmels gesehen zu haben. Der Steuerprüfer ging zu Werk und entdeckte, als sei doch wirklich ein Fingerzeig

Gottes im Gemäuer gewesen, dass der Empfang für Abigails Fürstinnen-Hochzeit, das zu diesem Anlass angeschaffte Himmelbett und auch die schmucke Yacht mit dem Namen der Universität, wohin sie die Damen für ihren nächsten Nachmittag geladen hatte, dass all ihr schöner Pomp über ein für Forschungsmittel eingerichtetes Konto abgerechnet worden war. Abgerechnet über jenes Konto vielleicht, sagte schon etwas röchelnd der Gatte, nur heißt das ja wohl noch nicht, aus Forschungsmitteln auch wirklich bestritten. Doch da hatte der rechnungsprüfende Gottesmann schon längst die Presse informiert, und der sonst von der Mehrheit der Amerikaner zurückgehaltene Neid auf die Elite der Nation überflutete den Campus wie eine Springflut. *»President K.'s Future«* hieß der erste Punkt auf der Tagesordnung, als sich der Aufsichtsrat wieder traf, und Abigails Gatte fand gerade noch die Zeit zu erklären, dass »gesundheitliche Gründe ausschlaggebend gewesen seien«. Die Universität beschäftigt ihn bis heute als einen ohne Ehre abgedankten König, was manche alten Freunde als eine fast schon zu langgestreckte Strafe, als ewiges Lebendig-Begrabensein ansehen. Abigails Name aber steht auf keiner Gehaltsliste (oder Unkostenabrechnung) mehr, und sollte sie als Friseuse am Rand jener Kleinstadt mit dem freundlichen Wetter und den reichen Pensionären untergekommen sein, dann wäre meine Geschichte ein Grimm'sches Märchen.

[2002]

Amerika, wie es lacht

Im Alten Testament wird berichtet, dass Gott dem neunundneunzigjährigen Abraham verkündet, er werde noch einmal Vater werden. Sara freilich, »der es nicht mehr nach Frauenart ging« und die ungesehen dem Gespräch unter Männern lauscht, »lachte in sich hinein. Denn sie dachte: ›Nachdem ich alt geworden bin, soll mir noch Liebeslust werden?‹« Natürlich bleibt Saras Lachen Gott nicht verborgen, doch er will anscheinend das Gespräch strikt unter Männern halten und fragt also Abraham, warum Sara lache. »Da leugnete Sara und sagte: ›Ich habe nicht gelacht.‹ Denn sie fürchtete sich. Er aber erwiderte: ›Doch, du hast gelacht.‹« (1. Mose 18) Götter, vor allem monotheistische Götter der Frühzeit, haben erfahrungsgemäß wenig Geduld mit denen, die es wagen, ihnen nicht einfach lautlos zu gehorchen. Dass Sara trotz ihres Lachens ein Jahr später Mutter wird, bietet sich als Gründungsmythos einer jüdisch-christlichen Tradition an, die dem so menschlichen Lachen denkbar große Erlaubnis einräumt, eine Erlaubnis, die in der Tat so unerhört ist, dass selbst Gott Bereitschaft zeigt, Lachen über sich nicht als Beleidigung zu nehmen. Dankbar für so viel Großzügigkeit, so erzählt die Bibel weiter, geben Abraham und Sara ihrem Sohn den Namen Isaak, was bedeutet: »Gott möge lachen«. Und voll unverhofftem Stolz (und mit ausgestandener Gottesangst hinter sich) spricht Sara im Wochenlager: »›Ein Lachen hat mir Gott bereitet. Jeder, der es hört, wird mir zulachen.‹ Und weiter sprach sie: ›Wer hätte Abraham gesagt: Sara wird noch Kinder stillen? Denn ich habe ihm einen Sohn in seinem Alter geboren.‹« (1. Mose 21, 6 f.)

Glücklicherweise macht der Islam einen Strich durch unsere Mythengründungsrechnung. Die Belege und Argumente hierfür lieferte mir mein pakistanischer Freund Nauman Khan, der Muslim und Investmentbanker in Silicon Valley ist. Die göttliche Toleranz gegenüber dem frechen Kichern Saras ist nämlich keinesfalls eine christlich-jüdische Spezialität. Der Koran erzählt – teilweise aus der Perspektive der Gottesgesandten – dieselbe Geschichte mit denselben Lacheffekten: »Und wahrlich, es kamen Unsre Gesandten zu Abraham mit der Verheißung. Sie sprachen: ›Frieden!‹ Er sprach: ›Frieden!‹ Und er säumte nicht, ihnen ein gebratenes Kalb zu bringen. Und da er sah, dass sie nicht ihre Hände daran legten, schöpfte er Verdacht wider sie und fürchtete sich vor ihnen. Sie sprachen: ›Fürchte dich nicht, siehe, wir sind zum Volke Lots entsandt.‹ Und sein Weib stand da und lachte. Und Wir verkündeten ihr Isaak und nach Isaak Jakob. Sie sprach: ›Ach, weh mir! Soll ich gebären, wo ich eine alte Frau bin und dieser mein Ehegemahl ein Greis ist? Siehe, das ist ein wundersam Ding.‹ Sie sprachen: ›Wunderst du dich über Allahs Befehl? Die Barmherzigkeit Allahs und Seine Segnungen kommen auf euch, o Volk des Hauses! Siehe, Er ist gepriesen und gerühmt.‹ Und als die Furcht von Abraham gewichen und ihm die Verheißung gekommen war, stritt er mit Uns über das Volk Lots. Siehe wahrlich, Abraham war milde, mitleidig und weichherzig.« (Sure 11, 69 ff.)
Man könnte hier sogar, nur ein wenig interpretatorisch nachhelfend und politisch korrekt, darauf verweisen, dass allein im Koran (nicht aber in der Bibel) die Gottesboten direkt zu Sara sprechen, dass Abraham es nur im Koran wagt, mit ihnen zu »streiten«, und dass Abraham dafür allein im Koran eine moralisch aufmunternde Zensur bekommt. Aber

so weit will ich gar nicht gehen, weil solche Varianten zur Typologie jeglicher frühen Textüberlieferung gehören und weil es mithin erheblicher religionsgeschichtlicher Kompetenz bedürfte, um die je besonderen Motivationen für die Textunterschiede als kulturhistorische Symptome erfassen zu können. Doch es bleibt dabei: Aus der Perspektive des Lachens erlaubt uns der Textvergleich des Korans mit dem Alten Testament nicht, einem prinzipiell fundamentalistischen Islam eine prinzipiell tolerante(re) jüdisch-christliche Kultur gegenüberzustellen.

Damit sind wir auf Distanz gegangen zu jener süffigen Selbstbeschreibungstradition, die Lachen und Humor so gerne und bedenkenlos mit »Humanismus« und »Humanität« – mit zugleich westlich und universal gemeinten Selbstbeschreibungen – gleichsetzt (ganz »golden« wollte ja auch Nietzsche das Lachen seiner Philosophen und philosophierenden Götter hören).

Es ist naturgemäß kein Privileg der westlichen Kultur, lachen zu können, und es gibt keinen übergreifenden Typus des westlichen Lachens. Norweger lachen anders (und ohnehin wohl weniger) als Brasilianer. Meinen Gebrauch des Begriffs »Lachen« werde ich so erklären, dass sich daraus die Möglichkeit ergibt, zwischen verschiedenen Typen von Lachen zu unterscheiden. Danach und vor allem aber werde ich mich auf die Frage konzentrieren, ob es einen spezifisch amerikanischen Stil des Lachens gibt. Denn schon seit langem fasziniert mich eine bestimmte Lachungelenkigkeit meiner amerikanischen Landsleute. Man hat den Eindruck, dass sie gerne lachen – aber ist es nicht doch etwas künstlich oder gar (typisch?) oberflächlich, wenn zum Beispiel der großzügige Spender und der Repräsentant der spendenempfangenden Institution ganz laut und fast bärig lachen, während sie im

Blitzlichtgewitter ein riesiges Scheckformular von der einen zur anderen Hand wandern lassen?

*

Fünf Punkte also über Theorien und Definitionen des Lachens, wobei ich mich vor allem auf zwei klassische Texte zum Thema verlasse, nämlich den Aufsatz *Über das Lachen* (1940) von Joachim Ritter und Helmuth Plessners Buch *Lachen und Weinen* (1941). Erstens: Was Lachen (wie Weinen) offenbar auslöst, ist die Gleichzeitigkeit, die Spannung, das Aufeinanderprallen von zwei miteinander unvereinbaren Erfahrungen oder Sinnkomplexen: Sara muss lachen, weil sich für sie die Verkündigung der Mutterschaft nicht zusammenbringen lässt mit dem Bewusstsein von ihrem Alter. Zweitens: Angesichts dieser Unmöglichkeit, ein stabil-eindeutiges Sinnverhältnis zu einer komplexen Situation herzustellen, ist Lachen (wie Weinen) das – kaum durch den Willen kontrollierbare (und »explosionsartige«, sagen Plessner und auch Ritter) – Zurückfallen in eine konvulsive Körperreaktion. Zunächst widerspricht Sara ja nicht der Verkündigung der Gottesboten, sie lacht nur darüber, was uns ahnen lässt, dass sie deren Inhalt wohl zugleich für sehr wünschenswert und für ganz unmöglich hält. Drittens: Ob jemand in einer solchen Situation ohne eindeutiges Sinnverhältnis mit Lachen oder Weinen reagiert, hängt davon ab, wie er an dieser Situation beteiligt ist, ob er sich eine Uneindeutigkeit des Sinnverhältnisses leisten kann oder nicht. Sara hätte vielleicht geweint, wenn ihr die Boten ins Angesicht verkündet hätten, dass sie schwanger würde – aber sie hörte ihnen nur im Hintergrund zu, wo sie es sich erst einmal leisten konnte, in der Uneindeutigkeit einer Reaktion zu verbleiben. Viertens: Ein deutlicher und meist leicht zu erfassender Unterschied trennt aggressives Lachen (»Auslachen«) von zugestehendem Lachen (»Hereinlachen«). Das Auslachen von anderen stabilisiert eine Grenze zwischen dem Eigenen und dem Fremden. Hereinlachen der anderen verwischt diese Grenze und hebt sie am Ende sogar oft auf. Saras Angst nach ihrem ersten Lachen lässt uns vermuten, dass sie es selbst als aggressives Auslachen erlebt hat. Im Bericht des Alten Testaments stilisiert sie ihr Lachen dann aber nach Isaaks Geburt in Hereinlachen um, in ein glückliches Lachen über das Eintreten des Menschenunmöglichen. Fünftens: Indem Hereinlachen die Grenze zwischen dem Eigenen und dem Fremden mindestens relativiert, untergräbt es die Ansprüche jedes sich selbst transzendental setzenden Erklärungs- oder Ordnungssystems. Mit kaum zu überbietender Genauigkeit und Anschaulichkeit hat Joachim Ritter diese Wirkung beschrieben: im Lachen werde »die Grenze der Vernunft bewusst, durch die das Ausfallende zum Ausfallenden wird. Das für den verständigen Ernst Wesentliche und Wirkliche ist nicht mehr identisch mit dem Wirklichen und Wesentlichen des Daseins selbst. Die Vernunft hört auf, göttlich zu sein, und wird zur menschlichen Vernunft, die da, wo sie sich für das Ganze nimmt, anmaßend und blind zugleich gegenüber dem Reichtum des Seins wird.« Um die Bejahung und um die Rechte solchen »Reichtums des Seins« – im Sinne einer unerschöpflichen Vielfältigkeit des Seins – vor allem geht es im Hereinlachen, um »die Zugehörigkeit des dem Ernst Fremden zur Lebenswelt [...] Gleichgültig, ob dies nun in dem tieferen Sinn einer Kritik an der ernsten Welt selbst oder ihrer Ordnung gemeint ist oder ob dies der vitalen Freude am Reichtum des Lebens und am Recht des Unsinns und Unverstands entspringt.«

*

Damit bin ich schon bei der Beschreibung einiger Arten von Lachen angekommen, die mir in dreizehn Jahren amerikanischen Alltagslebens als besonders häufig und besonders ausgeprägt aufgefallen sind. Den ersten, sehr harmlosen amerikanischen Lachtypus möchte ich *Norman-Rockwell-Lachen* nennen, nach dem in der zweiten Hälfte des zwanzigsten Jahrhunderts beim amerikanischen Mittelstand so überaus beliebten Maler von Genreszenen des Alltags. Dank Norman Rockwell kann man auf dem Gesicht eines kleinen Jungen die (objektiv natürlich ganz unangebrachte) Angst beim Zahnarztbesuch erleben und weiter hinter dem Rücken des einfühlsamen Zahnarztes den Bohrer entdecken, den er trotz aller beschwichtigenden Gesten früher oder später wird ansetzen müssen. Darüber schmunzelt der reife Erwachsene: über die Angst des kleinen Jungen, die zwar übertrieben ist, aber in jeder Generation wieder neu auftauchen wird, und über den Zahnarzt, der den Bohrer versteckt, was zwar fast einer Lüge gleichkommt (und nichts ist weniger zulässig in der amerikanischen Alltagsethik als Lügen), aber eben doch aus praktisch-psychologischen Gründen entschuldigt werden muss. Norman Rockwell könnte auch Großmütter beim Häkeln dargestellt haben, mit Töchtern und Enkelinnen, denen wir ansehen, dass sie sich nur sehr zögernd (und vielleicht wirklich bloß für den Besuch der alten Dame) entschlossen haben, das geschenkte Decklein auf ihren Kaffeetisch zu legen. Dieser Maler steht also für eine kleine Verliebtheit, mit der rechtschaffene Bankangestellte und Lehrerinnen, Hebammen und Kurzwarenhändler all das *»cute«* finden, was ein wenig abweicht (aber nur ein wenig) vom engen Pfad des von ihnen befolgten und durchgesetzten vernünftig-moralischen Verhaltens. Auf das »ein wenig« bei der Normabweichung kommt es an. Auch die allerkleinsten Betrugsdelikte oder gar der Verdacht auf Ehebruch kämen Rockwell nie und nimmer auf die Leinwand.

*

Etwas mutiger ist das *Marilyn-Lachen*, das sich dennoch als eine spezifizierende Variante des Rockwell-Lachens beschreiben lässt. Die Transgression, das, was als zunächst unzulässig ins Bild kommt beim Marilyn-Lachen, ist stets Sex, das Erhabene und zugleich das Traumatische per se für uns gute Amerikaner. Sex aber kann hereingelacht werden in unsere heile Welt des moralisch (mehr oder weniger) Annehmbaren, unter der Bedingung, dass das Objekt der sexuellen Begierde sehr naiv ist – und möglichst darum auch weiß, ohne doch in diesem Wissen seine Naivität gleich wieder zu verlieren. Als Mitglied der Damenkapelle in *Some Like It Hot* warnt Marilyn ihre vermeintlichen »Kolleginnen« Tony Curtis und Jack Lemmon immer wieder vor ihrer eigenen Naivität – und schürt so natürlich nur die Verführungslust der beiden Männer. Als sich Tony Curtis dann von einer Musikerin in einen angeblich impotenten Multimillionär verwandelt, der vorgibt, die Dienste von Marilyns wunderbar anschmiegsamem Körper als Therapie nutzen zu wollen, fällt Marilyn erneut auf eine Maske herein (keine Maske könnte so schlecht sein, dass sie Verdacht bei Marilyn erregte) – und nun wird deutlich, zu welchem Ziel naiver Sex führen darf. Am Ende der Sextherapie sind nämlich beide, Tony und Marilyn, so vollkommen verliebt, dass sie gar nicht umhinkönnen, sich die Ehe anzubieten. Aber es nimmt den vermeintlich ausgebufften Tony über die Maßen mit, nun, nachdem schon seine gespielte Impotenz nicht lange hielt, auch noch gestehen zu müssen, dass er gar kein Millionär ist. Für die naive Marilyn hingegen erfüllt sich die Geschichte ganz ohne Peinlichkeit. Sie bekommt einfach den Mann, den sie ohnehin wollte, und sie ist eben viel zu naiv, um auch nur zu ahnen, was es bedeuten könnte, dass ihr zukünftiger Gatte bisher von der Hand im Mund gelebt hat, statt über Millionenkonten zu verfügen. Zum Ehe-Ende muss es beim Marilyn-Lachen zwar nicht immer kommen, doch Naivität als Bedingung für die Entschärfung sexueller Faszination, das ist gewiss ein stabiles Muster in der amerikanischen Kultur. Das daraus entstandene Vorurteil, dass blonde und vollbusige Frauen kein Gehirn haben, hat längst ein geradezu empirisches Prestige im Alltagswissen erreicht, ein Prestige übrigens, an dem Feministinnen erstaunlich wenig Anstoß nehmen.

*

Der vielleicht repräsentativste Typ amerikanischen Lachens ist das *Donald-Duck-Lachen*, das wegen seines weltweiten Erfolgs nur selten als nationalkulturelle Besonderheit identifiziert wird. Was dabei leicht in Vergessenheit gerät, ist die für alle Donald-Geschichten ausschlaggebende Voraussetzung: Donald Duck mag sehr wohl die beliebteste Comicfigur aller Zeiten sein, doch das hindert ihn in keinem Moment und in keiner Episode daran, nicht nur ein *loser*, sondern auch ein egozentrischer und schlechtgelaunter *loser* ohne Großzügigkeit und Humor, voll Häme und manchmal sogar voll sadistischer Grausamkeit zu sein. Deshalb lebt Donald Duck ja mit seinen ihm durch ein geheimnisvolles Schicksal anvertrauten drei Neffen zusammen – damit gezeigt werden kann, wie wenig er sich zum Erziehungsberechtigten eignet und wie ihn nicht einmal diese niedlichen Kleinen je zu anderer Milde bewegen können als der des Wolfs, der das Lamm zum Frühstück einlädt. Deshalb kommt Donald auch nie von seinem reichen Onkel Dagobert los, damit permanent demonstriert werden kann, dass er noch übler ist als Scrooge (Dagoberts Name im amerikanischen Original, nach Charles Dickens' Protagonisten in *A Christmas Carol*, der Ausbund des hartherzigen Kapitalisten). Natürlich, Donalds üble Tricks und Machenschaften gehen nie auf, und er ist deshalb nicht einmal für seine Neffen je eine ernsthafte Gefahr. Aber es bleibt vor allem bemerkenswert, dass er – und seine zahlreichen literarischen Brüder – sich der größten Beliebtheit erfreuen und dass sie in all ihrer Exzentrizität immer nur hereingelacht werden in die Gesellschaft und nie ausgelacht. Es ließe sich fast von »repressiver Toleranz« der Leserschaft reden, wenn man erklären wollte, warum der in der Geschichte der Disney-Produktionen zehn Jahre später gekommene Donald dem tapferen David-Typ Micky Maus so schnell den Rang abgelaufen hat. Die beste Erklärung ist eben der Verweis auf die Tradition dieses Musters von amerikanischem Lachen, das in unserer Gegenwart ungebrochen erfolgreich ist.

Robert De Niro als der schlechtgelaunte potentielle Braut- und Schwiegervater in *Meine Braut, ihr Vater und ich* ist der Liebling aller Zuschauer, und zwar desto mehr, je absurder seine Repressalien und Bespitzelungsmethoden werden – und daran ändert die kleine Schlusskonzession eines Happy Ends gar nichts. Auch die Charaktere von Woody Allen geraten ja nur in wenigen Ausnahmefällen zu sympathischen Verlierern. Bei aller New-York-Schwärmerei sollte man nicht vergessen, dass Stadt-Neurotiker auch von ihrer Umwelt vor allem als Stink-Neurotiker erlebt werden. In der Cartoon-Gegenwart ist Homer Simpson, der täglich auf der Fahrt vom Arbeitsplatz zu seinem Häuschen am Stadtrand ein Stück radioaktiv verseuchtes Material aus dem Auto wirft, ein Donald-Nachfolger: Er steckt bei der Arbeit mit dumpfem Gleichmut nur Niederlagen ein, und für seine drei

Kinder interessiert er sich höchstens, wenn sie der Befriedigung seiner Haupttriebe förderlich sind: fernsehen, Bier trinken und Donuts essen. Beim gehobenen amerikanischen Cartoonpublikum haben die klobig gezeichneten Grundschulkinder aus der wohlhabenden Gemeinde South Park im Staat Colorado seit einigen Jahren den Simpsons den Rang abgelaufen. Und auch für die *South Park*-Fans ist der Publikumsliebling ein Donald-Typ. Er heißt Eric Cartman, ist der Sohn eines nichtidentifizierten Vaters und einer Mutter, die es ausgerechnet in Deutschland zum Pornostar gebracht hat, und er wird geplagt von allerlei Traumata und Obsessionen eines verwöhnten Kindes, das alle anderen Kinder von Episode zu Episode drangsaliert – manchmal mit caligulahaften Visionen in den Nickligkeiten, die er ausheckt.

*

An ihren besten Tagen steht die gedrungene Figur von Eric Cartman auf der Grenze zwischen dem Donald-Lachen und einem vierten Typus, den ich das *First-Amendment-Lachen* nennen will, weil die Unverschämtheit und die verletzende Aggressivität in diesem Lachtyp ein Niveau erreicht, das – zumal in einer so prüden Umwelt wie der amerikanischen – nur durch die Radikalität einer besonderen Rechtsverordnung ermöglicht wird. Ich beziehe mich auf die erste Ergänzung zur amerikanischen Verfassung, nach deren heute in der Rechtsprechung gängiger Interpretation kein anderes Recht höher rangiert als das auf Redefreiheit. Es kommt deshalb kaum je zur rechtlichen Verfolgung von Verbalinjurien. Unter dem Schutz des Gesetzes hat sich ein Lachtyp entwickelt, auf den schon eine Sendung wie *South Park* ganz bewusst setzen muss, wenn sie – obsessiv gegen alle Formen politischer Korrektheit gerichtet – Xenophobie feiert (zum Beispiel mit einem »Blame Canada!« betitelten Lied) oder

Homosexualität in der Gestalt von drei Protagonisten (dem Pädagogen Chris, Satan und Saddam Hussein) zum Existenzprinzip der Hölle macht. Verlacht werden dabei nicht die Kanadier oder die Homosexuellen, sondern jene Grenzen selbstgenüsslicher Frömmigkeit des Denkens, die denjenigen ausschließen, der in Ausländern und Homosexuellen nicht sofort die prinzipiell besseren Menschen erkennt. Das First-Amendment-Lachen scheint an der Oberfläche stets ein Auslachen zu sein, fungiert aber meist als ein Hereinlachen im Sinne der Auflösung von Sinngrenzen des Puritanismus und der politischen Korrektheit. Um die intendierte Richtung zu markieren, sind einige seiner Autoren und Protagonisten dazu übergegangen, sich selbst und ihre eigene Gruppe im Licht der trübsten Stereotype zu präsentieren. Über Jahre erschienen vor jeder *South Park*-Sendung die Produzenten auf dem Bildschirm als ein betont schleimiges Paar, das seine unerträglich gutgemeinten volkspädagogischen Maximen zum Besten gab. Der New Yorker Radiostar Howard Stern, dessen tiefschwarzer Humor es vor allem auf sexuelle Minderheiten und nicht selten auch auf Behindertengruppen abgesehen hat, lässt kaum eine Gelegenheit aus, um – scheinbar gegen sich selbst gerichtete – antisemitische Klischees loszuwerden. Texte der afroamerikanischen Rapmusik führen alle möglichen Motive von feindlichem Rassismus vor, aber ihr Vorzugswort für afroamerikanische Selbstreferenz ist *motherfucker* (eher ein ironisches Selbstzitat als ein gegen die eigene afroamerikanische Kultur gekehrtes Element des weißen Rassismus).

Das First Amendment schützt also jede Art von aggressivem Auslachen gegen jene moralische Kritik, die Auslachen als antihumanistisch verbietet, und es hilft so in vielfacher Form den Universalitätsanspruch des aufgeklärten Humanismus problematisieren – ohne tatsächlich Xenophobie, Homophobie und Rassismus hereinlachen zu wollen. Das geht natürlich nicht ohne persönliche Verletzungen und vielleicht nicht einmal ohne in ihren Auswirkungen politisch problematische Missverständnisse.

*

Schließlich möchte ich noch das *Bonanza-Lachen* erwähnen, das – entgegen dem bisher verfolgten Reihungsprinzip – beileibe keine Radikalisierung des First-Amendment-Lachens ist, sondern eher noch das Norman-Rockwell-Lachen an Harmlosigkeit unterbietet. Der Name bezieht sich auf die typische Schluss-Sequenz einiger amerikanischer Fernsehserien, die während meiner Fünfziger-Jahre-Kindheit und auch später in Deutschland sehr populär waren: *Bonanza* und *Fury*, *Lassie* und *Father Knows Best*. Besonders an *Fury* erinnere ich mich mit einer bis heute unbeantworteten Frage: Wie kam es, dass sich am Ende jeder Episode die Protagonisten noch einmal in einer familienbildartigen Szene versammelten, um sehr herzlich (über einen für mich damals nicht immer augenfälligen Anlass) zu lachen? Es war ein sonores, herzliches und routiniertes Lachen verschiedener Generationen, etwas rau manchmal, vor allem in den TV-Serien, deren Schauplatz eine Farm war. Es handelte sich um ein Lachen, vermute ich heute, dessen Anlass so allgemein war, dass man es fast »intransitiv« nennen könnte; es war ein Lachen, in dem rückblickend bestätigt und vorausblickend angekündigt wurde, dass man mit allen, aber auch wirklich allen Schwierigkeiten fertig werden könne – »im Vertrauen auf Gott«, wie die amerikanischen Präsidenten des späten zwanzigsten Jahrhunderts wohl allesamt ohne Zögern ergänzen würden. Es war schließlich ein Lachen in dem wohligen Gefühl, dass es kein großes Risiko wäre, sich für ein paar

Sekunden dem Rhythmus seines Zwerchfells zu überlassen. Ähnlich ritualisiert-regelmäßige Anlässe des Bonanza-Lachens wie die Schluss-Szenen aus jenen Fernsehserien sind mir in der gegenwärtigen amerikanischen Gesellschaft nicht bekannt. Aber trotzdem gibt es den Typ des Bonanza-Lachens immer noch. Zum Beispiel bei Vertragsunterzeichnungen im Profisport, wenn der Star sich im Fernsehstudio das Trikot seiner neuen Mannschaft überzieht, um dann mit dem Besitzer des Teams und dem Trainer kräftig die Hände zu schütteln – und zu lachen. Auch einer meiner Kollegen, ein prominenter Professor für Wirtschaftswissenschaften, setzt manchmal zu einem Bonanza-Lachen an. Was nur deshalb bemerkenswert ist, weil niemand an der Universität in derselben Tonlage mitlachen will – obwohl doch gerade dieser Lachtyp ganz besonders der sonoren Resonanz von anderen bedarf.

*

Bevor ich mich endlich an den Versuch mache, so etwas wie eine übergreifende Formel für meine Beobachtungen zu den verschiedenen Typen des amerikanischen Lachens zu finden, will ich ein paar einschlägige Eindrücke erwähnen, die sich zwar nicht in meine kleine Typologie einpassen lassen, aber für ihre Deutung vielleicht gerade deshalb einen gewissen Erklärungswert beanspruchen können. Denn es handelt sich um Beobachtungen, die mit der Abwesenheit von Lachen oder von Formen des Humors zu tun haben. Zum Beispiel spielt die allzu gesellige Erzählgattung des Witzes im amerikanischen Sozialleben eine vergleichsweise untergeordnete Rolle. Es gibt natürlich Witzgattungen und einzelne Witze, die zu bestimmten Zeiten in bestimmten Milieus kursieren. Aber der passionierte und sich darin für besonders unterhaltsam ansehende Witzeerzähler ist mir in Amerika bisher so wenig zugestoßen wie jene Art von Abendeinladung, die zu einer Börse des Witzaustauschs degeneriert. Ähnliches bemerke ich im Hinblick auf Ironie. Zwar hat kein anderer Philosoph unserer Gegenwart so leidenschaftlich für die zivilisatorische Bedeutung des ironischen Redens und Schreibens plädiert wie Richard Rorty, aber im Gespräch ist der gute Amerikaner Rorty beileibe kein Meister-Ironiker. Wenn denn einmal ironisch geredet wird in der amerikanischen Gesellschaft, dann stehen die sichtbaren und die expliziten Ironiesignale sofort im Vordergrund: »*Hint, hint!*« fügen meine passioniert redende elfjährige Tochter und ihre Freundinnen hinzu, wenn sie sich einmal an diese Trope machen, und das Funktionsäquivalent unter meinen Kollegen sind die mit auf Ohrenhöhe erhobenen Händen in die Luft geschriebenen Anführungszeichen (»*quote/unquote!*«). Ich habe einmal die Ansicht zum Besten gegeben, dass – auf der anderen Seite des Lachens sozusagen – die Dimension des Tragischen ganz aus dem amerikanischen Alltag herausgehalten wird, so gerne auch und so häufig man das Wort »*tragedy*« in der Bedeutung von »Unfall« verwendet. All das, was keine Lösungen zulässt, ja nicht einmal die Bemühung um Lösungen, kann in einer Durchschnittskonversation nicht thematisiert werden. Deshalb wohl ist das Wort für »sterben« im amerikanischen Englisch durch die Formulierung »*to pass on*« ersetzt worden, deshalb sagt man statt »Krebs haben« oder »an Krebs leiden« immer und überall »*to fight cancer*«. Und so weiter. Defätismus und öffentliches Zurschaustellen von individuellem oder kollektivem Leid ist nicht einmal unter geisteswissenschaftlichen Intellektuellen gefragt. Wenn man leidet oder ein schlechtes Gewissen hat, dann klebt man sich einen Sticker an die Stoßstange: »*Save the rainforest!*« oder auch »Have *you already hugged your child today?«* – wobei der aufdringlich kinderfreundliche Aufkleber schon bald karikiert wurde von *»Have you hugged your gorilla today?«*. Außerhalb der Kirchen schließlich gibt es in meinem tragödienfreien Land nur ganz wenige Situationen vollkommenen Ernstes. Selbst bei der College Graduation, dem wohl wichtigsten Tag in einem amerikanischen Leben, tragen beinahe alle Studenten zu ihren feierlichen Talaren auch ein Element, das die Ehrerbietung konterkariert: abgerissene Turnschuhe sind dabei der minimale Tribut an individualistische Selbstachtung, während das Studentenkollektiv zu der pflichtgemäß steifen Rede des Rektors einen riesigen Beach-Ball durch die festlichen Reihen schubst.

*

Aber bin ich nun nicht bei einem fröhlich-feierlichen Abschlussbild angekommen, das verrät, wie sehr ich selbst jener Goldigkeit beim Schreiben über das Lachen verfallen bin, vor der ich eingangs gewarnt habe? Zumal es dem kritisch-aufmerksamen Leser ja auch nicht entgangen sein kann, dass der Konvergenzpunkt meiner Lachtypen in der Tat die These von einem amerikanischen Hang zum großzügigen Hereinlachen ist. Natürlich, beeile ich mich einzugestehen, gibt es auch bei uns hämisches und aggressives Lachen. Schon auf den Spielplätzen: Vor einem Jahr beschlossen die Eltern meines japanischen Patenkinds, dem Staat New Hampshire und den Vereinigten Staaten den Rücken zu kehren, weil sie es nicht mehr ertrugen, dass ihr Sohn von den anderen Kindern wegen seines Augenschnitts verlacht und *»yellow«* genannt wurde. Vom allgegenwärtigen und bedrohlich fundamentalistischen Ernst – ob er nun von Mormonen, von Feministinnen oder von Rednecks aus Oklahoma verkörpert wird – will ich besser gar nicht reden.

Wenn ich trotzdem behaupte, dass das Wesentliche an den

amerikanischen Lachtypen ihre Konvergenz im Hereinlachen ist, dann stütze ich mich dabei auf eine zweite, eine andere Konvergenz – und zwar auf eine Konvergenz des Hereinlachens mit der amerikanischen Verfassung, genauer: mit dem bereits zitierten ersten Amendment. Ausschlaggebend für die Interpretation und mithin für die Rechtswirksamkeit des ersten Amendment ist geworden, dass diese Verordnung – im metonymischen Hinweis auf die Religion – der Legislative sowohl untersagt, irgendeine Grundordnung des menschlichen Verhaltens zu unterstützen, wie sie es ihr auch verbietet, die je frei gewählten Lebensformen mit Hinweis auf solch eine Grundordnung einzuschränken. Und dieses Verbot an den Kongress, in Bezug auf die Inhalte der Lebensgestaltung in irgendeiner Weise zu intervenieren, wird dann vom ersten Amendment auf die Rede-, Presse-, Versammlungs- und Protestfreiheit ausgedehnt: »*Congress shall make no law respecting an establishment of religion, or prohibiting the free exercise thereof; or abridging the freedom of speech, or of the press; or the right of the people peaceably to assemble, and to petition the government for a redress of grievances.*«
Auch wenn sich diese komplexe Restriktionsformel ausdrücklich an die Legislative wendet, möchte man sich doch heute oft wünschen, dass die amerikanischen Präsidenten genug Respekt vor dem Geist des ersten Amendment hätten, um ihre im öffentlichen Raum überhandnehmenden Verweise auf den christlichen Gott zu unterlassen. Umgekehrt kann man das erste Amendment als eine Ermutigung verstehen, über Präsidenten zu lachen, wenn sie Kriege als »Kreuzzüge« bezeichnen oder angesichts eines drohenden Amtsenthebungsverfahrens »religiöse Frühstücke« im Weißen Haus organisieren. Denn ein Staat, der Grundordnungen des menschlichen Verhaltens in ihren Inhalten weder unterstüt-

zen noch behindern darf, muss anerkennen, was wir einleitend als Grundprinzip des Lachens herausgestellt hatten: dass es dann auch keine menschliche Vernunft geben kann, deren Grenzen nicht relativ, nicht verschiebbar sind.
Davon ausgehend könnten wir postulieren, dass jene radikale Lizenz zum Lachen, die wir First-Amendment-Lachen genannt haben, dieses Verfassungsprinzip durchsetzt, indem sie erfahrbar macht, dass keine Vernunftgrenze absoluten Respekt für sich beanspruchen kann. Die anderen Typen des Hereinlachens würden dann komplementär den »Reichtum des Lebens und das Recht des Unsinns und Unverstands« positivieren, einschließlich der *»bad guys«* vom Schlage Donald Ducks und Eric Cartmans. So viel Positivität des Hereinlachens lässt sich durchaus assoziieren mit dem Tragödienverbot, dessen positive Kehrseite ja in der Aufforderung liegt, dass man keine Möglichkeit der Schicksalsabwendung oder der Schicksalsverbesserung unversucht lassen soll. Aber noch einmal: Warum braucht die amerikanische Gesellschaft eine so enorme Positivierungsenergie (die ja außerhalb des Landes regelmäßig als Naivität und Mangel an kritischer Schärfe missverstanden wird)? Zu einer Antwort führt uns die andere Frage, warum denn Witz und Ironie im gesellschaftlichen Alltag der Vereinigten Staaten eine so untergeordnete Rolle spielen.
Die Antwort lautet, dass das reibungslose Funktionieren von Witz und Ironie einen hohen Grad von Einverständnis in der Weltsicht derer voraussetzt, die über diese sprachlichen Formen kommunizieren. Eine solche Homogenität aber war in der amerikanischen Gesellschaft schon seit dem achtzehnten Jahrhundert viel weniger voraussetzbar als in Europa, und in dem Maße, wie das soziale Leben in den europäischen Nationen weniger monochrom geworden ist, hat auch die

amerikanische Gesellschaft ihre traditionelle Multikulturalität weiter gesteigert. Auslachen ist unter den Bedingungen so starker gesellschaftlicher Fragmentierung mit einem größeren Risiko des Ausgelachtwerdens verbunden. Gewiss, ohne staatliche Intervention wäre diese Einsicht wohl in der weißen Bevölkerung der Südstaaten nie durchgesetzt worden – und es bleibt nur zu hoffen, dass sie sich auch unter den weißen Kindern von New Hampshire durchsetzen wird. Aber ich will jedenfalls an der doppelten These festhalten, dass ein Zusammenhang besteht zwischen dem bestehenden Grad von ethnischer und kultureller Fragmentation in der amerikanischen Gesellschaft und einem Ensemble von Lachtypen, die gemeinsam die Grenze zwischen dem Vernünftigen und dem Anderen flexibel halten, und dass dieselbe sozialstrukturelle Gegebenheit auch die zentrale Bedeutung des ersten Amendment in der Rechtspraxis des Landes und die Tendenz zu seiner radikalen Interpretation erklärt.

Gibt es Grenzen des – nach meiner Deutung: im Prinzip entgrenzenden – amerikanischen Lachens? Wenn ich es recht sehe, so sind vor allem die staatlichen Institutionen und ihre Symbole Tabus für das amerikanische Lachen. Die allermeisten amerikanischen Bürger werden wirklich sehr ernst beim Abspielen der Nationalhymne; das Rechtssystem reagiert neuralgisch auf Schändungen der Nationalflagge, und man kann zwar unendlich Witze über jeden einzelnen Präsidenten reißen, aber nicht über die *Presidency* als Institution und nicht einmal über das Weiße Haus. Sehr optimistisch interpretiert könnte das bedeuten, dass der Respekt gegenüber jenen Institutionen, die die Flexibilität der Vernunftgrenzen garantieren, selbst nicht flexibel werden kann. Und dies gilt stärker noch für die physischen Grenzen des nationalen Territoriums. Nicht nur wegen der Zahl der Todesopfer wird kein Amerikaner je über Pearl Harbor oder über den 11. September 2001 lachen.

*

Und das Bonanza-Lachen? Ich denke, es ist dem Tragödienverbot verwandt. »Ende gut, alles gut«, das wollte der Schluss aller *Fury*- und *Lassie*-Episoden fühlbar machen, und weil dieses Gefühl ja auch eine Fortsetzungsgarantie auf die Zukunft beinhaltete, war es in Ordnung, sich im Vertrauen auf Gott – oder sollten wir nun besser sagen: im Vertrauen auf die Verfassung? – für einige Momente lachend in seinen Körper zurückfallen zu lassen. Freilich wird das flache Bonanza-Lachen als Ritual des Zurückfallens in Körperlichkeit geradezu übertrieben überboten von Ritualen der Selbstinfantilisierung, die Abermillionen meiner Landsleute über alles lieben. Die Eishockeymannschaft, die ich etwa zwanzigmal pro Jahr sehe, heißt San José Sharks, und sie hat (wie die meisten Mannschaften im amerikanischen Profisport) ein Maskottchen, in diesem Fall natürlich einen überlebensgroßen Haifisch namens Sharkie, dessen Kostüm von einem bewundernswerten Sportler anderer Art getragen wird. Wenn sich Sharkie vor Spielbeginn an einem Seil von der Decke der San-José-Arena aufs Eis rutschen lässt oder wenn er in eine Puppe mit den Farben der gegnerischen Mannschaft beißt, dann werden Tausende von Erwachsenen, Software-Ingenieure und ihre Gattinnen, Banker und Autohändler, ganz übergangslos zu einer Horde von wild gewordenen Dreijährigen. Das Ritual erreicht seinen Höhepunkt, wenn Sharkie in einer der Pausen mit zwei (von kaum essbarer Pizza gefüllten) Schachteln am Eingang von einem der Zuschauerblöcke erscheint – fast gedankenschwer, wenn man das Wort hier gebrauchen kann, weil er offensichtlich nicht weiß, wem er die Pizzaschachteln zuwerfen soll. Dann schreien, gestikulieren, verbiegen sich die Software-Ingenieure, Gattinnen, Banker und Autohändler sofort und über Minuten wie ausgehungerte Tiere – so dass man sich wirklich wundert, dass sie in nur einer Stunde nicht bloß ihr Auto auf dem Parkplatz, sondern ganz problemlos und unfallfrei auch ihren Weg nach Hause finden.

Einmal, glücklicherweise nur einmal, kam Sharkie auch zu meinem Platz. Da ich so ehrgeizig bin, Amerikaner im vollsten existentiellen Sinn zu werden, wollte ich dieser ganz besonderen Herausforderung ganz besonders gerecht werden und begann, den leicht überlebensgroßen Gast mit rhetorischen Fragen zu traktieren, wie ich sie sonst höchstens für einen sechsjährigen Sportfan gewählt hätte: *»Do you think the Sharks will make it tonight?«* Aber ein solches Rollenspiel war sicher nicht das adäquate Register der Kommunikation. Schon allein, weil *»mascots«* prinzipiell nie reden (was ich doch eigentlich wusste). Jedenfalls hätte ich wohl eher wie ein Dreijähriger im Streichelzoo meine Hand über das zottelige Kostüm führen und meinen Kopf hereinkuscheln sollen – und vielleicht hätte ich ja auch jenes Bonanza-Lachen auflegen können, mit dem mein Kollege von den Wirtschaftswissenschaften so wenig Glück an der Universität hat.

[2002]

Edward Hoppers Zwielicht

Ganz offenbar entwickelte sich Edward Hoppers Leben wie sein Werk. Er hielt unbeirrbar an Optionen fest, die sich für ihn einmal – nicht selten am Ende beharrlichen Suchens – als lebbar erwiesen hatten. Zum Beispiel hatte er bis zu seinem Tod am 15. Mai 1967 die Wohnung und das Studio am Washington Square in New York nicht mehr aufgegeben, die er 1931, als Achtundvierzigjähriger, bezogen hatte. Es gab keine Krisen – wenigstens keine von außen sichtbaren – in der Ehe, die Josephine Verstille Nivison 1924 mit ihm schloss. Jahr für Jahr verbrachten Edward und Jo Hopper einen Teil des Frühlings und die Sommermonate in Massachusetts oder in Maine. Dass die Hoppers 1927 ein Auto kauften, wird – mangels dramatischerer Ereignisse wohl – in den Chronographien stets erwähnt. Fotografien von seinem Studio und seiner Arbeit an der Staffelei geben den Eindruck einer fast befremdlichen, geradezu gutbürgerlichen Aufgeräumtheit, die erst bewusst macht, welch stabile Konvention der Hang seiner Kollegen zu Bohemien-Gesten war.
Ähnlich verhalten und ereignisarm wirkt – auf mich kunsthistorischen Dilettanten jedenfalls – die Entwicklung von Hoppers Malerei. Nach dem Abschluss der Highschool belegte er Kurse an mehreren Kunstakademien in New York, ohne je – wie so viele anderer Maler seiner Generation – der einen großen, inspirierenden Vorbild-Figur zu begegnen. Bald erlernte er auch eine Reihe von Techniken, die es ihm ermöglichten, zunächst mit Werbe-Illustrationen seinen Lebensunterhalt zu verdienen. Wie es sich für einen künstlerisch ambitionierten jungen Amerikaner damals gehörte,

verbrachte Hopper zwischen 1906 und 1910 einige Zeit in Paris. Sein Stil, wie er sich unter den dortigen Anregungen bis etwa 1915 entwickelt hatte, sollte sich kaum mehr verändern, weshalb es, für den durchschnittlichen Museumsbesucher jedenfalls, nicht möglich ist, wie etwa im Fall von Picasso, »Schaffensperioden« bei Hopper zu unterscheiden oder gar einzelne Bilder auf Anhieb zu datieren. So konsequent hielt Hopper Distanz gegenüber all den programmatischen Stil-Wenden seiner Zeit, dass es sich, in die Spanne eines einzigen Lebens gerafft, mit seiner Malerei so verhält wie mit der Kultur des alten Ägypten: Selbst wenn es einem Spezialisten gelingen könnte, Veränderungen zu identifizieren, so steht doch im Vordergrund der Eindruck einer unbeirrbaren Stabilität.
In behäbigen Zyklen ist auch Hoppers Rezeptionsgeschichte verlaufen: Nachdem er in den zwanziger Jahren endlich genug Bilder verkaufte, um davon seinen Lebensunterhalt bestreiten zu können, wurde er im folgenden Jahrzehnt zu einem der national respektierten und regelmäßig ausgestellten amerikanischen Maler. Sein internationaler Erfolg setzte dann in den fünfziger und sechziger Jahren ein. Und heute gibt es wohl kaum einen anderen (mehr oder weniger) zeitgenössischen Maler der westlichen Kultur, dessen Bilder in ähnlich vielen Reproduktionen verkauft werden wie die Hoppers. Derart offen ist sein Werk für jeden Betrachter auf den ersten Blick, so problemfrei und auch so populär – was bekanntlich unter Intellektuellen nie als Empfehlung gilt –, dass es eine wirkliche Herausforderung ist, anders als in elementaren Inhalts-Kategorisierungen oder trivialen Biographismen über Hoppers Œuvre zu schreiben (was die kunstwissenschaftliche Hopper-Literatur bis zum Überdruss bestätigt). Aber warum soll man über Hoppers Bilder schrei-

ben, wenn es – auf den ersten Blick – kaum etwas über sie zu sagen gibt und wenn es sein Werk nicht nötig hat, durch professionelle Interpreten bekannt gemacht zu werden? Diese Frage und der ihr innewohnende Einwand gegen Hopper-Interpretationen sind gewiss berechtigt. Ein legitimes Interesse, sich über Hoppers Gemälde Gedanken zu machen, könnte eigentlich nur darin liegen, die weltweite Hopper-Faszination zu verstehen.

*

Hat diese Faszination mit den Gegenständen auf Hoppers Bildern zu tun? Stadtlandschaften hat er gemalt, Straßen, Flüsse und Brücken; Bilder mit Segelbooten, Leuchttürmen und Küstenstreifen; Eisenbahnschienen, Züge und Leute auf der Reise; einsame Figuren in Hotels, nackte Frauen in ihren Wohnungen, andere einsame Figuren vor beinahe monumentalen Häusern oder in Restaurants, an einer Bar, vor einer Tanksäule, auf der Bühne und im Kino; es gibt Blicke durch Fenster, es gibt Abend- und Morgenstimmungen. Es gibt natürlich auch Gegenstände, die Hopper nie gemalt hat, doch ist seine thematische Bandbreite so groß, dass der Versuch hoffnungslos erscheint, ihn mit einem einzigen Sujet zu identifizieren.

Wer etwa Hopper zum »Maler der modernen Großstadt« erklären will oder der »menschlichen Verlassenheit«, der »bedrohten Privatheit« und der »Leere des öffentlichen Raumes« – dies alles ist Hopper von seinen Interpreten zugeschrieben worden –, der muss in Kauf nehmen, dass jeweils gut drei Viertel von Hoppers Bildern durch solche Charakterisierungen nicht erfasst werden. Das Gleiche gilt für bestimmte Farben oder für spezielle Techniken des Malens: sie sind entweder nicht spezifisch genug in seinem Werk oder zu permanent hopperspezifisch, um bemerkenswert zu sein.

Dann fiel mir eines Tages das *eine* – vergleichsweise abstrakte – Strukturelement ins Auge, das tatsächlich in den meisten seiner Bilder wiederkehrt. Fast immer stellt Hopper Gegenstände (oder auch Indizien von Zuständen) nebeneinander, die einen Kontrast bilden und die als Kontrast dem Betrachter die Zeitlichkeit eines Übergangs suggerieren können. Manchmal wird die im Nebeneinanderstehen der Gegenstände nur als Möglichkeit der Vorstellung angelegte Dimension der Bewegung auch selbst direkt thematisch: bei Zügen, die an Häusern vorbeifahren; in Blickrichtungen, die von außen durch ein Fenster ins Innere eines Hauses dringen; oder in Szenen der Morgen- und Abenddämmerung. Wenn die nebeneinandergestellten Gegenstände aus der Perspektive ihrer suggerierten oder vom Maler explizit gemachten Verzeitlichung zu Momenten von Diskontinuität werden (man stellt sich zum Beispiel vor, wie der Zug auftaucht, vorbeifährt und verschwindet), dann ist es angemessen zu behaupten, dass Edward Hopper solche Momente in der Simultaneität des Bildmediums einfängt. Mit anderen Worten: dass er die verschiedenen Zeitstellen einer Diskontinuität in die *eine* Zeit eines Bildes überführt.

*

Solches Hinüberspielen von Diskontinuität in Gleichzeitigkeit verbinde ich stets mit einem bestimmten Gefühl von Intensität, das wohl allgemein vertraut ist – und auf das ich deshalb mit einem zweifellos banalen, wahrscheinlich sogar kitschigen Beispiel aus meiner eigenen Erinnerung verweisen will. Diese Erinnerung führt zurück zu einem späten September-Sonntagnachmittag im Jahr 1969. Ich war kurz zuvor in Salamanca angekommen, wo ich für ein Jahr studieren sollte. Der September-Nachmittag im westlichen Kastilien war so heiß gewesen wie ein spanischer Sommernachmittag, mit jenem Licht, das deutschen Augen zunächst Schmerzen bereitet – und ich stand auf einer vom Sommer ausgetrockneten Wiese in Sichtweite der Stadt. Als dann das harte Licht goldgelb wurde und die auf der Haut brennende Hitze sich in angenehme Wärme verwandelte, spürte ich, fast mit der Deutlichkeit von Begriffen und vielleicht zum ersten Mal, dass ich diesen Moment des Übergangs anhalten wollte. Wenige Minuten später wollte ich einen anderen Moment anhalten, den Moment des Übergangs vom goldenen zu jenem sehr kastilischen, mattpurpurfarbenen und dann violetten Licht, mit dem immer und in allen heißen Zonen der Welt das aggressive und unvermeidliche Hintergrundgeräusch der Zikaden einsetzt.

An jenem Abend wusste ich auch zum ersten Mal, dass ich den tiefblauen und dann fast schwarzen sternenvollen Nachthimmel nicht gewollt hatte – so wenig gewollt hatte, dass immer noch ein Anflug von Verlust und von Trauer aufkommt, der sich manchmal in der Erinnerung für den Bruchteil einer Sekunde und beinahe überfallartig zu der Intensität von Verzweiflung steigern kann, wenn ich nach so langer Zeit zurückdenke an jene zwanzig Minuten eines zu schnellen Übergangs.

Natürlich (und darum geht es ja) kennen Sie alle solche Momente und diese Gefühle. In der berühmtesten Passage aus dem *Peintre de la vie moderne* hat sie Charles Baudelaire mit dem Schönen gleichgesetzt – und etwas rätselhaft hinzugefügt, dass die »andere Seite dieses unerfassbar Transitorischen das Ewige« sei.

*

»House at Dusk« zum Beispiel, ein Bild, das Edward Hopper 1935 gemalt hat, ruft die Verzweiflung des unaufschiebbaren Übergangs und Verlusts wach. Aber es gibt mir auch jenes andere Gefühl, das vor dem Bild zu mehr als einer Illusion wird, das Gefühl nämlich, dass ich den Übergang vielleicht aufschieben könnte. Der zentrale, den Moment des Übergangs darstellende Kontrast in diesem Bild ist der Kontrast zwischen dem gelbgrauen Abendhimmel am Horizont und dem elektrischen Licht, das schon in mehreren Fenstern des Hauses im Vordergrund brennt.

»Seven a.m.« aus dem Jahr 1948 zeigt dem Betrachter den entsprechenden Effekt für die Morgendämmerung. Auch in dem berühmten »Early Sunday Morning« von 1939 spiegelt sich die Sonne »schon« in einigen der gemalten Gegenstände, während der Himmel »noch« ein verblassender Nachthimmel ist. All diese Bilder faszinieren mich mit dem visuellen Versprechen, dass der unaufhaltsame Übergang stillgestellt und zur Ruhe gebracht werden könne. Diesen Moment, seine Still-Legung und einen Anflug von Trost finde ich auch in Hoppers Blicken durch offene Fenster – wie zum Beispiel »Night Windows« mit den drei offenen Fenstern eines runden Erkers, mit einem durch das linke Fenster im Windstoß wehenden Vorhang und mit der linken Hälfte eines Frauenkörpers in einem roten Unterrock, der durch den rechten Rand des mittleren Fensters abgeschnitten wird. Bilder mit ähnlicher Struktur, von denen es eine Anzahl in Hoppers Werk gibt, hat man als ein Eindringen in die Sphäre der Privatheit gedeutet (politisch korrekt natürlich: als Voyeurismus); aber ich kann nichts »Privates« entdecken an Hoppers Gestalten. Wenn ich mich frage, warum diese Ebene der Sinngebung für mich blockiert ist, dann stellt sich als erste – naive und negative – Antwort das Gefühl ein, dass ich zu diesen Gestalten keine Geschichten erfinden kann (was mir sonst eher allzu leicht fällt). Und wenn ich weiter frage, ob es in Hoppers Bildern einen Grund für das Versiegen potentieller Geschichten gibt, dann fügt sich hier ein, was immer schon beobachtet worden ist: dass seine Personen, die Personen untereinander und die Personen im Zusammenspiel mit den Dingen, nie in eine Beziehung treten. »Cape Cod Evening« aus dem Jahr 1939 zum Beispiel zeigt eine Frau fortgeschrittenen Alters im grünen Kleid vor einem weißen Haus. Neben ihr, auf der Stufe zur Eingangstür, sitzt ein Mann in weißem Unterhemd, der mit ausgestreckter Hand und nach vorne gebeugtem Kopf die Aufmerksamkeit eines Hundes im Bildvordergrund auf sich zu lenken versucht. Aber der Hund wendet sich ab von dem Mann, und der Blick der Frau geht zwischen dem Mann und dem Hund ins Leere. Den von solcher Isolierung der Gestalten und der Dinge hervorgebrachten Effekt möchte ich »monumentalisierte Zeit« nennen.

Monumentalisierte Zeit ist nicht einfach verweigerte Zeit, nicht einfach das Ausbleiben eines Impulses hin zur Erzählung. Monumentalisierte Zeit ist ein Nebeneinanderstehen von Gestalten und Dingen, das einerseits zu einem Moment von Diskontinuität und mithin der potentiellen Zeitlichkeit wird; das aber andererseits in der Einbildung des Betrachters nicht über die Schwelle hin zur Erzählbarkeit der Szenen und zur Individualisierung der Gestalten gelangt. Monumentalisierung der Zeit löst so zugleich den Schock des Abschieds und der Trauer über das Vergehen in der Zeit aus, aber sie bringt auch den Übergang und das Vergehen in der Simultaneität von Bildern zum Still-Stand, sofern die Bilder das Übergehen in Geschichten verweigern.

*

Statt zu Protagonisten von Geschichten macht der Effekt der monumentalisierten Zeit Edward Hoppers Gestalten zu Emblemen bestimmter Situationen und Milieus. Eine Allegorie der südlichen Vereinigten Staaten wird für mich – im gemalten Zwielicht der Morgendämmerung – der üppige Körper einer jungen schwarzen Frau in »South Carolina Morning«. Wie ein ironisches Emblem erotischer Hemmungen wirken auf mich die beiden leichtbekleideten jungen Leute in »Summer Evening«; wie ein Witzblatt sehen die am Rand einer Autostraße sonnenbadenden Gestalten von »People in the Sun« aus.

Vielleicht kann man sagen, dass der Effekt der Monumentalisierung der Zeit in den Bildern von Edward Hopper umso stärker wird, je mehr Kontraste und potentielle Übergänge sie vereinen. Das würde jedenfalls erklären, warum »Gas«, das 1940 entstandene Gemälde einer Tankstelle, einen so hohen Grad von Kanonisierung erreicht hat. Denn dort kommen zusammen: der Kontrast zwischen dem Haus und dem Wald im Hintergrund des Bildes; zwischen dem Mann, der an der vorderen Zapfsäule steht, und der Tankstelle; zwischen dem Haus und der Straße, die auf Bewegung verweist (die Bäume des Waldes sind so gemalt, als seien sie aus einem fahrenden Auto gesehen); zwischen dem Spätnachmittagslicht des Himmels und dem elektrischen Licht, das aus dem Haus der Tankstelle leuchtet; zwischen dem nur für die Vorstellung des Betrachters erreichbaren Inneren des Hauses und der auf dem Bild gezeigten Szene.

Als Louis Aragon in seinem 1926 erschienenen Stadt-Roman *Le paysan de Paris* für sich entdeckte, wie pittoresk die Szenerie einer Tankstelle sein kann, reagierte er auf diese Erfahrung mit einer mythographischen Sinn-Zuweisung, welche die Zapfsäulen in Götterstatuen verwandelte: »Große rote Götter, große gelbe Götter, große grüne Götter sind an den Rändern jener suchenden Pfade aufgerichtet worden, denen der Geist in seinem Drang nach Vollkommenheit folgt. Eine eigenartige Skulptur ist Pate gestanden bei der Geburt dieser Monster. Nie zuvor haben sich Menschen an einem so barbarischen Anblick von Schicksal und Macht erfreut.«

*

Hoppers Modus der Monumentalisierung kommt ohne solche Mythographie aus. Aber es wäre wohl auch zu einfach gedacht, wenn man die Ansammlung von Übergangseffekten als das einzige Verfahren identifizieren wollte, durch das Edward Hopper Zeit monumentalisiert. Eine – vielleicht riskantere – Vorbereitungsstrategie, welche dieselbe Wirkung erzielt, liegt darin, zunächst einmal die Suggestion einer möglichen, aus dem Bild erwachsenden Geschichte zu steigern. Nehmen Sie sich zum Beispiel »Excursion into Philosophy« aus dem Jahr 1959 vor. Da sitzt – im Vordergrund – ein mit Hemd, Hose, Socken und Schuhen bekleideter Mann auf einem Sofa. Neben ihm liegt ein offenes Buch, das er keines Blickes würdigt, und hinter ihm liegt auf dem Sofa, mit dem Gesicht zur Wand und mit dem Rücken zum Betrachter gekehrt, eine Frau, deren Körper nur spärlich von einem (natürlich) roten Unterrock bedeckt ist.

Ich kann dieses Bild nicht anschauen, ohne mir eine kleine Geschichte – im existentialistischen Erzählhabitus der fünfziger Jahre – von misslungenem Sex, von Wut, Frustration und Schuldgefühlen vorzustellen. Für mich ist es nun schwer zu entscheiden, ob in diesem Bild Edward Hopper die Monumentalisierung der Zeit misslungen, das heißt, die Blockierung des narrativen Impulses außer Kontrolle geraten ist, oder ob Hopper, wie der Titel des Bildes anzudeuten scheint, hier statt Monumentalisierung der Zeit in der Tat eine Geschichte vorgeben wollte. Beides aber, das Beinahe-Umkippen in eine Erzählung und die Blockierung dieser Bewegung, kommt in Hoppers neben »Gas« wohl berühmtestem Bild zusammen, in den »Nighthawks« aus dem Jahr 1942. Im Vergleich zu »Gas« sind die in »Nighthawks« gebündelten Übergangseffekte elementar. Man blickt, als stünde man in der Nacht, durch eine Scheibe auf vier Gestalten: auf einen Kellner, der an dem Tresen eines Schnellrestaurants Kunden bedient, auf eine rothaarige Frau in rotem Kleid und auf einen Mann mit einer Zigarette in der Hand und einem grauen Hut auf dem Kopf, die am Betrachter vorbei in Richtung auf den rechten unteren Bildrand blicken. Schließlich gibt es einen Mann mit Hut, der links von dem Paar dem Betrachter seinen Rücken zukehrt.

Es war eine Reaktion von Jo Hopper, die dem Bild seinen Namen gegeben hat. Jo war überzeugt, dass die beiden mittleren Gestalten aussehen – wie *nighthawks*, die sprichwörtlichen Kriminellen jener Jahre, wie Bonnie und Clyde oder auch (kann man heute hinzufügen) wie Protagonisten aus dem ersten Teil des *Paten*. Das genau scheint die Miene des Mannes mit Zigarette und Hut zu bestätigen. Aber über diesen besonders starken Impuls zu einer Geschichte hinaus gibt es in den »Nighthawks« keinerlei Anhaltspunkte, um sich ein Vorher oder Nachher zu dem gemalten Moment vorzustellen. Die Straßenszene der linken Bildhälfte bleibt geradezu hygienisch sauber und leer.

*

Natürlich liegt in solcher Monumentalisierung von Zeit ein spezifisches Potential des Bildmediums. Ein Maler wie Hopper muss – sollte denn etwas an meiner These sein – zunächst den Impuls hin zur Erzählung produzieren, der sich in einem Bild gar nicht »natürlich« einstellt, um dann diesen Impuls und die Suggestion einer potentiellen Geschichte blockieren zu können. In der Dimension des Textes hingegen entsteht der Erzähleffekt – das unter anderem sollte der Verweis auf Aragons Tankstellen zeigen – beinahe unvermeidlich. Was bedeuten könnte, dass eine Möglichkeit für Texte, Zeit zu monumentalisieren, vielleicht gerade darin liegt, das, was sie beschreiben oder erzählen wollen, explizit als Bild zu inszenieren.

So deduktiv aber mein vorhergehender Satz auch daherkommt, diese Einsicht – wenn es denn eine Einsicht ist – hat sich nicht als Konsequenz aus meiner Analyse ergeben. Vielmehr verdanke ich sie einem Gefühl, das mir lange vertraut ist und mit dem ich lange überhaupt nichts anfangen konnte. Es ist das Gefühl, dass ich die Stimmung, in die mich Edward Hoppers Bilder bringen, auch erlebe, wenn ich ein bestimmtes Gedicht des alten Hölderlin lese. Es heißt *Der Spaziergang* und beschreibt Landschaften fast obsessiv als Bilder:

> Ihr Wälder schön an der Seite,
> Am grünen Abhang gemalt,
> Wo ich umher mich leite,
> Durch süße Ruhe bezahlt
> Für jeden Stachel im Herzen,
> Wenn dunkel mir ist der Sinn,
> Den Kunst und Sinne hat Schmerzen
> Gekostet von Anbeginn.
> Ihr lieblichen Bilder im Tale,
> Zum Beispiel Gärten und Baum,
> Und dann der Steg der schmale,
> Der Bach zu sehen kaum,
> Wie schön aus heiterer Ferne
> Glänzt Einem das herrliche Bild

[2002]

Szenen

American Football am Freitagabend

Freitagabende gehören dem American Football. Sie gehören jenem Sport, den europäische Augen aufnehmen wie eine Roboterversion des Rugby, das man seinerseits – wenige regionale Enklaven ausgenommen – auf dem Kontinent genauso wenig versteht. Freitag nach Unterrichtsschluss spielen also die Highschool-Mannschaften: zuerst »Junior Varsity«, vierzehn oder fünfzehn Jahre alte Schüler – wegen der Verletzungsgefahr fördert keine Schule diesen Sport in früheren Altersstufen; dann »Varsity«, die Schüler des dritten Jahrgangs und der Abschlussklasse. Selbst an den wenigen Schulen, für die Football Nebensache ist, kommen um die tausend Zuschauer. Doch es können auch – in Texas, in Florida und dort, wo das Leben kleinstädtisch ereignislos ist – fünf- oder zehntausend sein. Wohl ein Viertel aller Amerikaner sind also freitagabends live mit Highschool-Football in Berührung, ein größeres Segment der Bevölkerung als die sonntäglichen Kirchgänger in den meisten Ländern der Europäischen Gemeinschaft. Am Samstag spielen die College-Teams und am Sonntag die Profis, und die Qualifikation zu den beiden höheren Ebenen vollzieht sich fast ausnahmslos über nationale Ranglisten. Ohne Highschool-Abschluss und ohne Aufnahme ins College kann niemand Berufs-Footballspieler werden. Für Spiele der einhundertachtzehn College-Mannschaften in der obersten Division liegt der Zuschauerdurchschnitt bei vierzigtausend. Profispiele sind fast immer ausverkauft, aber die zweiunddreißig Profi-Mannschaften bringen natürlich insgesamt weniger Fans in die Stadien als der College- und vor allem der Highschool-Football. Analoges gilt für die Fernsehsendezeiten. Außerdem ist American Football zwischen der Saisoneröffnung im späten August und dem Endspiel der Profis im frühen Februar ein reiner Herbst- und Wintersport. Je nach geographischer Lage assoziiert man das Spiel mit fallenden Blättern, Nebel, Eisregen oder verschneiten Spielfeldern.

*

Wer an die Chance glaubt, Football für seine Highschool zu spielen, verzichtet auf die Sommerferien. Niemand bekommt wirklich mehr als eine Chance, weil es für jede der dreißig an spezielle Situationen und Talente gebundenen Positionen einer Mannschaft mindestens zwei rivalisierende Spieler geben soll. Der Football-Sommer beginnt fern von zu Hause mit einem einwöchigen Trainingslager, aus dem die Jungen erschöpft und vor allem mit einem aufs allernüchternste gestutzten sportlichen Selbstbild zurückkehren. Nach einer Woche oder zehn Tagen Pause sind von Mitte Juli bis zum Beginn der Spielzeit für jeden Tag drei und an sogenannten *»double days«* sogar mehr als sechs Stunden Training angesetzt, welche an die physischen Grenzen, aber auch an die Grenzen der Konzentrationsfähigkeit führen sollen. Gut hundert bis ins Detail festgelegte Spielzüge sollen die Mitglieder einer Mannschaft im Gedächtnis haben. Und auch während der Saison wird noch sechsmal pro Woche trainiert. Footballspieler im Teenageralter sind mit ihrer bedingungslosen Entschlossenheit zu körperlicher und mentaler Leistung die Nachfolger der Kadetten, die früher zum Dienst in Eliteeinheiten strebten. Auserwählte und auch von absoluter Anstrengung Gezeichnete wollen sie sein. Deshalb kann es keine Diskussion mit den Trainern und schon gar nicht Gelegenheit zum Einspruch geben in dieser Gemeinschaft, deren Kommando für Momente der Kritik und der

Ermutigung *»take a knee«* heißt. Umrahmt sind die Sommer der Askese vom ersten Training mit Helmen, Schienen und Polstern, die es ermöglichen, die footballtypisch gewaltsamen Zusammenstöße zu überstehen; bei der letzten Trainingseinheit des Sommers bekommen die Spieler ihre Trikots mit den monumentalen Nummern und die engen, glänzenden Polyester-Kniebundhosen, die sie wie geometrisch geformte Chiffren aussehen lassen.

*

Dass auf der für die Anhänger der Heimmannschaft reservierten Tribüne mit der kleinen Kabine für den Ansager an einem Freitagabend je Plätze frei bleiben, ist undenkbar. Wer kommt, der weiß, wie viel jeder Spieler investiert hat und dass ihm jetzt nichts auf der Welt so wichtig ist wie der Sieg an diesem Abend. *»Please rise«*, sagt mit liturgischem Ernst der Ansager, *»to honor America.«* Aber was ehren wir, wenn wir aufstehen, Latinos und WASPs, African Americans und Asian Americans, wenn wir unsere Blicke mit Ernst auf die Nationalflagge am Ende des Spielfelds richten, die rechte Hand aufs Herz legen und dem eher martialischen Text der Hymne, wo wir ihn nicht singen, doch mit so viel Andacht lauschen, als hätten wir ihn noch nie gehört? Die Spieler sagen, dass dieses zielstrebig auf sein ekstatisches Ende zulaufende Musikstück sie in unbezähmbare Siegeslust versetzt. Doch was wollen wir Zuschauer? Ehren wir uns selbst mit naivem Stolz als amerikanische Bürger? Oder ist es einfach das Bewusstsein, dass zwei Jahrhunderte lang alle, die vor uns Amerikaner waren, endlose Male dieselbe Musik gehört haben? Und warum ist es nicht möglich, dass man, ohne einen Skandal zu erregen, demonstrativ auf Distanz geht bei diesem Ritual – wie es ein einziges Mal die afroamerikanischen Vierhundertmeterläufer bei den Olympischen

Spielen 1968 taten, mit dem Handschuh über der geballten Faust?

*

Früh am Freitag verlassen die Spieler ihr Elternhaus in dem Trikot, das sie abends tragen werden. Der Quarterback, Präzisionswerfer und Gehirn der Mannschaft in einem Sport, der Strategie und Gewalt zur Übereinstimmung bringen soll, hat unter dem Gürtel schon das weiße Handtuch stecken, mit dem er vor jedem Pass sicherstellen wird, dass seine Hände den Ball im Griff haben. In manchen Städten trägt die Mannschaft am Spieltag einen Blazer mit Krawatte, »aus Respekt vor der Schule, für die sie antritt«. Überall in Amerika sind die jungen Spieler um sieben Uhr morgens ernst und zuversichtlich-gefasst, als sei ihr Leben zu dieser Alternative geworden: entweder nie mehr oder als Helden nach Hause zurückzukehren.

*

Sekunden vor dem *kick-off*, nachdem die Nationalhymne gespielt ist, streben die bis zu sechzig Spieler jeder Mannschaft konzentrisch wie ein Bienenschwarm zusammen, legen den Arm über die Schulter des Vordermanns und geraten in ein federndes Hüpfen, das zur pulsierenden Bewegung eines kollektiven Körpers wird. Die Zuschauer ahnen und die Mannschaften beginnen wahrzunehmen, wie viel Energie sie an diesem Abend freisetzen werden. Währenddessen fassen sich die drei oder vier von Spiel zu Spiel wechselnden *captains* beider Mannschaften an den Händen und schreiten in der Mitte des Feldes, wo die fünf Schiedsrichter stehen, aufeinander zu. Wer das Spiel mit der in die Luft geworfenen Münze gewinnt, hat die Entscheidung, ob die eigene Mannschaft in Ballbesitz kommt oder aus der Defensivposition beginnen wird. Erst in der zweiten Halbzeit in der Offensive anfangen zu dürfen, kann so wichtig werden wie beim Schach das Recht auf den ersten Zug.

*

Wenn endlich ein Spieler der Mannschaft, welche in der Defensivposition beginnt, den Ball so weit als möglich ins gegnerische Feld kickt, stehen die Fans für Sekunden von ihren Sitzen auf. Der Ball fliegt dreißig oder vierzig Yards, wird, was wegen seiner ovalen Form nicht einfach ist, von einem Spieler der anderen Mannschaft gefangen – und ohne nur den Bruchteil einer Sekunde zu zögern, sprintet dieser Spieler mit dem Ball auf die gegnerische Hälfte zu, wo die Abwehr den plötzlich hakenschlagenden Ballträger jagt, umstellt und meist auch bald zu Fall bringt, wenn irgend möglich mit einer Kollision in höchster Körpergeschwindigkeit, deren kompakter akustischer Effekt als bester Auftakt gilt. Dann entfaltet sich das Spiel als ein Alternieren von langen Auszeiten, in denen Trainer und Spieler die Strategie ihrer nächsten Züge festlegen, mit je wenigen Sekunden explosivster Kraftentfaltung. Während der Quarterback nach ungedeckten Mitspielern Ausschau hält, prallen die gegnerischen Spieler, die ihn erreichen und zu Fall bringen sollen, in voller Stärke auf jene, die den Raum seiner Bewegung decken. Für solche *linemen* muss jeder Spielzug wie die schnellkräftige Anstrengung eines Gewichthebers sein, der in einer Bewegungssequenz aus Sekundenbruchteilen die Hantel hochreißt – oder wie die ersten Schwerthiebe zwischen zwei Kriegern. Mehr als die Hälfte der offensiven Spielzüge scheitert in einem zerknäulten Hügel von Körpern. Oft wird die offensive Mannschaft nach wenigen Yards zum Stehen gebracht. Einige Male aber an einem Footballabend laufen vielfache Versatzstücke der Strategie, die Bewegungen aller Spieler einer Mannschaft und mit ihnen Monate kollektiver Konzentration in stupendem Gelingen zusammen. Erst dann wird blitzartig sichtbar, wie jeder Moment des Erfolgs von einer Unzahl kleinteilig aufeinander abgestimmter Faktoren aus Schnellkraft und Geschmeidigkeit abhängt. Der gut gedeckte Quarterback visiert einen Mitspieler an, der ein halbes Spielfeld weiter, Gegner hinter sich lassend und mit Finten ausmanövrierend, dort ankommen wird, wo der Ball in seine ausgestreckten Arme fällt. Auf der Tribüne haben wir den Atem angehalten, um für einen Moment den vollkommenen Spielzug – seine Komplexität und Unwahrscheinlichkeit in Auge und Bewusstsein haltend – als wunschloses Glück festzuhalten und dann wieder durchzuatmen. Männlich-jugendliche Anmut, das heißt, mit Gewalt und Intelligenz einer anderen Gewalt abgewonnene Anmut, hat sich entborgen für den langen Atemzug und für diesen einen Augenblick, der nie mehr wiederkehren wird.

*

Im Sanitätsraum neben der Umkleidekabine liegt zur Halbzeit auf einem Untersuchungsbett der Spieler, der den langen Pass erahnt und angenommen hat – und im selben Moment von der Körpergewalt eines Gegners getroffen wurde. Seine Augen sehen glasig in das neutrale Krankenhauslicht, während er mit schwerer Zunge versucht, der Ärztin die Erlaubnis zum Weiterspielen abzureden. Verdacht auf Gehirnerschütterung heißt ihre Diagnose, eine Woche ärztliche Überwachung und Trainingspause, was ihn seine Position in der Mannschaft kosten kann. Aber heute Abend darf er noch im Trikot und mit seiner Mannschaft bis zur letzten Minute am Spielfeldrand stehen, bevor dann Bettruhe verordnet ist.

*

Seit die Mannschaften erschienen sind, haben auf der Tartanbahn zwischen dem Zuschauerblock und den Auswechselspielern die Mädchen der beiden Cheerleading-Teams am Spielfeldrand ihre mit Sprechgesang synchronisierten Choreographien aufgeführt, die Spieler und Publikum in Stimmung bringen sollen. Sie tragen Turnschuhe, glänzende Strumpfhosen, sehr kurze Röckchen, Tops mit dem Namen und den Farben ihrer Mannschaft und sind meist nur ein wenig geschminkt. Cheerleader wollen wie Puppen aussehen oder wie Filmstatistinnen aus den glücklichen Jahren Hollywoods. Fast so viel wie das Footballteam haben sie seit dem Sommer täglich trainiert, um individuell wie als Gruppe ihre Bewegungen in schöner Geschmeidigkeit zu synchronisieren. Der Inhalt ihrer rhythmischen Worte ist in selbstironischen Superlativen an die jeweilige Situation des Spiels angepasst und inszeniert sich oft als Dialog mit den Zuschauern, die als *»crowd«* aufgerufen und zu einer eigenen Person in diesem Spiel werden. Cheerleader lachen wie ein Schwarm von Nixen. Worte und Gesten haben sie nur für die Erfolgsmomente ihrer Mannschaft. Manchmal gibt es ein Glanzstück in ihrem Nummernrepertoire. Zum Beispiel, wenn sie ihre *»pompons«*, Bündel aus Glanzpapier, die den Schwung der Hände unterstreichen, in rascher Bewegung so zusammenbringen, dass vielhändig aus ihnen der Name der Schule aufscheint. Cheerleader vergegenwärtigen die Anmut spielender Mädchen, die schon beinahe Frauen sind.

*

»Sexy« wirken Cheerleader wie Footballspieler, wenn überhaupt, auf der Bühne der Highschool nur für Blicke aus der Distanz. So perfekt sind sie alle verpackt in ihre Accessoires und so restlos absorbiert von ihren Rollen, dass sie zu einer anderen Welt, einer Welt der Sterblichen zwar, aber einer entrückten Welt gehören. Als lebende Bilder monumentalisieren sie, was die anderen Teenager auf der Tribüne erleben. Dort ereignet sich Alltag in einem verdichtenden Rahmen. Während ihre Mannschaft sie in Ekstase oder Depression spielen kann, lassen die Auszeiten den zuschauenden Schülern genug Freiheit, um sich ein ums andere Mal das Publikumsspalier entlang in ihrer Lieblingsgestalt der Verführung zu zeigen: mit provozierenden Ausschnitten und tiefem Lippenrot oder in Ökosandalen und T-Shirts mit progressiven politischen Parolen; in Jeans, die so weit sind, dass sie allein zu laufen scheinen, in Pullover und Mützen gehüllt – und dann auch, bedrohlich fast wie eine terroristische Einsatztruppe, mit den Trikots der anderen Highschool aus derselben Stadt. All das ist ein Laufsteg adoleszenter Begierden und Aggressionen vor den Augen der Eltern, die so tun, als sähen sie nichts, weil das Spiel sie stark in Anspruch nimmt; die aber inzwischen – wie seit Jahrhunderten und überall – jedes Detail interpretierend ihre eigenen Kinder besser finden als die der Nachbarn. Tausend Schichten der Erinnerung werden wach, wenn der Quarterback mit einem Pass den Sohn der von seinem Vater vor Jahrzehnten Angebeteten erreicht, wenn der Enkel des schwarzen Tankwarts den Sohn des Zahnarztes mit einer Körpertäuschung ins Leere laufen lässt und wenn der Junge mit dem öligen Haar und dem ehrgeizigen Flaum auf der Oberlippe dem füllig-blonden Sohn des Pastors bei einem Sprint über zehn Yards drei Yards abnimmt.

*

Jeder Spielzug, der zu Ende geht, wird über die Lautsprecheranlage von einer eher feierlich als sachlich klingenden jugendlichen Stimme quantifizierend beschrieben: »Trotz erheblichen Drucks von der Abwehr, speziell von Sam Thornton, wurde Chris Austens Pass durch Tucker Lawrence mit einem Gewinn von achtundzwanzig Yards aufgenommen.« Angesichts der Unübersichtlichkeit mancher Spielszenen helfen dem Zuschauer solche Beschreibungen – und zugleich machen diese Worte das Footballspiel zu einem Schauspiel, das sich offenbar als und für etwas ereignet. Manche Sprecher beim Highschool-Football ahmen mit einer Geste von Selbstironie berühmte Sportreporter nach und fassen ihren Abend in Worte, die man eher mit einem nationalen Oberschichtenereignis verbände: »Nutzen Sie während der Halbzeit das reiche Gourmetangebot unseres weithin bekannten Partyservice« – das heißt, dass die Schülermitverwaltung knorpelige Hotdogs und kaum durchgebratene Hamburger verkauft, um ihre Jahresabschlussreise zu finanzieren. Wie der Spielleiter in Thornton Wilders 1938 uraufgeführtem Erfolgsstück *Our Town*, das Millionen von Zuschauern weltweit jene undramatische Alltäglichkeit gezeigt hat, die Amerikas Stärke war und vielleicht noch immer ist, gibt der Sprecher beim Highschool-Football den Szenen des Normalsten einen nicht ganz ernst gemeinten, aber auch nie ironisch unterlaufenen Glanz. Der deutsche Titel von *Our Town* heißt übrigens, fast etwas ungeduldig mit der engen Wirklichkeit, die auf die Bühne kommt, *Unsere kleine Stadt*.

*

Und dann das Footballspiel selbst. So wie seine Szenen erlebt werden, erinnert es an die Passage in Wilders Drama, wo die Adresse einer Protagonistin über die örtlichen Koordinaten hinaus ins Kosmische erweitert wird: »Jane Crofut, Crofut Farm, Grover's Corners, Sutton County, New Hampshire, Vereinigte Staaten von Amerika, nordamerikanischer Kontinent, westliche Hemisphäre, Erde, Sonnensystem, Weltall, Geist Gottes.« Denn die Spieler und die Cheerleader sind mit größter Konzentration das, was Schüler immer und überall sind: Jungen und Mädchen, die sich auf dem Weg, Männer und Frauen zu werden, dem Risiko des Versagens und dem Rausch des Gelingens ihrer Geschlechtsidentität aussetzen. »*America's future*«, sagt der Sprecher ernst und wieder mit einem kleinen Anflug von Selbstironie, der die Tribüne zum Lachen und den Freitagabend auf einen einfachen Punkt bringt. Für »*America's future*«, für diesen Hinweis auf eine sehr spezifische nationale Zukunft, wird die Hymne gespielt.

*

Gegen Ende der Saison und als offizieller Höhepunkt liegt um ein Footballspiel das »*homecoming weekend*«, das jährliche Treffen der ehemaligen Schüler. Aber weil nur wenige von ihnen wirklich kommen, wird dieser Anlass zu dem Moment, wo sich die Selbstvergegenwärtigung zur Selbstfeier steigert. Alle Schüler haben an der Wahl des »*homecoming king*« und der »*homecoming queen*« teilgenommen, und das Ergebnis wird in der Halbzeitpause bekanntgegeben, nachdem die Jungen und Mädchen, die die meisten Stimmen bekommen haben, in Luxuskabrioletts zur Spielfeldmitte gebracht worden sind. »*Popular*« sein ist im alltäglichen Amerika weiterhin der höchste soziale Wert. Und wer ist »*popular*« und wird deshalb König oder Königin der Feier? Natürlich nicht die Schüler mit den besten Noten und ebenso wenig die Sieger der zahlreichen sportlichen Wettbewerbe oder die größten Herzensbrecher. Schon gar nicht ein als ideal geltendes Paar. »*Popular*« ist, wer sich in der Mitte seines Jahrgangs wohl fühlt, wer – so wie die Gestalten von *Our Town* – ein Emblem seines Jahrgangs und seines Geschlechts ist, fast ohne es zu wissen.

*

Nach dem Spiel gehen die Spieler und Cheerleader über die Straße zu In-N-Out, der Filiale einer *fast-food*-Kette, die beliebt geworden ist, weil sie auf sehr nüchternen Dekor setzt und damit einen Hauch des Flairs von *American Graffiti* verbreitet. Dorthin sind auch die Spieler und Cheerleader der anderen Highschool gefahren. Die kleinen Welten der kleinen Stadt begegnen und begrenzen sich. Auftrumpfen darf nur, wer zu der erfolgreicheren Mannschaft gehört. Die *Seniors* sprechen von den Colleges, an denen sie sich bewerben wollen, und davon, dass sie wohl keine Chance haben werden, dort weiter Football zu spielen. Denn jenseits der Highschool liegt das andere – und zugleich dasselbe – amerikanische Leben.

[2007]

First Presbyterian Church am Ostermorgen

Für den russischen Doktoranden mit dem freundlich-weichen Gesicht war es beständig ein Problem, jene Sprechstundentermine einzuhalten, um die er fast leidenschaftlich gekämpft hatte. Wann immer er, was die Regel war, zu spät erschien, berichtete er bald mit großem Ernst, bald mit strahlender Begeisterung und manchmal auch mit Tonbandkassetten winkend von den Konzerten seiner Familie, die sich als ein Ensemble jüdischer Instrumentalisten und Sänger auf permanenter Tournee von Synagoge zu Synagoge der Westküste befand. Dann kam Beth in sein Leben und wurde bald Sascha Nikitins Frau. Sie war etwas bleich und sprach bei den wenigen Gelegenheiten, wo sie ihn begleitete, leise in angenehm formulierten Sätzen. Beth hatte traurig-helle Augen, ein Kinn, das ihr Gesicht erstaunlich verlängerte, und einen Körper, an dem alles perfekt und nichts sexy wirkte. Ein unvergessliches Mal kündigte ihr Mann vorab an, dass er den für die folgende Woche vereinbarten Termin nicht einhalten könne. Seine Schwiegereltern seien dann in Silicon Valley zu Besuch, oder genauer: Sie kämen zum *»job hunting«*, denn es sei ja unnötig schwer für alle Beteiligten, dass das Herz ihrer einzigen Tochter, erklärte er stolz und einfühlsam, so weit von zu Hause »Anker geworfen habe«. Was für ein Glück es doch sei, sagte ich, etwas sprechstundenautomatisch eine Verbindung zwischen dem Namen »Silicon Valley« und dem Vorhaben der Stellensuche unterstellend, dass seine Schwiegereltern Computer- oder Softwarespezialisten seien. Nein, korrigierte mich Sascha recht bestimmt, der Schwiegervater gehöre dem geistlichen Stand an.

Fünf Jahrzehnte fast hatte ich gelebt, ohne je mir vorzustellen, dass Geistliche auf Jobsuche gehen können. Sie fühlten sich alle, meinte ich, von Gott erwählt, hielten deshalb einer Konfession lebenslang die spirituelle Treue und würden von der Verwaltung ihrer jeweiligen Kirche immer neuen Gemeinden zugewiesen, was ihr eher bescheidenes, aber nie die Existenz in Frage stellendes Gehalt rechtfertigte. An jenem Nachmittag hörte ich nun auch von erheblichen kompetenz- und erfolgsabhängigen Einkommensunterschieden und von einer erstaunlichen Flexibilität, mit der amerikanische Geistliche bereit sein sollen, dem besten Angebot folgend sogar die Konfession zu wechseln. Es sei keinesfalls die Ausnahme für einen lutheranischen Pastor etwa, eine neue Stelle in einer methodistischen Gemeinde anzutreten. Denn primärer Bezugsrahmen und vor allem Arbeitgeber im religiösen Leben Amerikas ist die Gemeinde, nicht die Kirche oder Konfession als übergeordnete Instanz, und von dem Geistlichen erwartet die Gemeinde, dass er ihren besonderen Stil verkörpert, aufrechterhält und fortschreibt. Als Max Weber 1904 in die Vereinigten Staaten kam, um Verwandte zu besuchen, war er von solcher Dominanz der Religion als dem nichtstaatlich Privaten in der Organisation des gesellschaftlichen Lebens tief beeindruckt. Doch während Weber davon ausging, dass die – aus seiner europäischen Perspektive – kleinen religiösen Gemeinden Amerikas Bastionen der Vergangenheit waren, die sich gerade noch gegen die Verstaatlichung erhalten hatten, beherrschen sie am Beginn des einundzwanzigsten Jahrhunderts so kraftvoll und allgegenwärtig wie wohl nie zuvor den Sonn- und Alltag des Landes. Ganz gewiss sind sie nicht pauschal als Symptome eines neuen Konservativismus aufzufassen oder gar als Wirkungsspur einer Regierung, deren Präsident Töne und

Energien eines religiösen Fundamentalismus zum (verfassungsrechtlich höchst problematischen) Staatsdiskurs erhoben hat. Lebenszentrum der amerikanischen Gesellschaft ist eher ein persönliches und in der erweiterten Privatsphäre institutionalisiertes Verhältnis zu Gott, das historische Konjunkturen überdauert hat und Lebenszentrum geblieben ist. Europäische Intellektuelle übersehen diesen Sachverhalt oft, und zwar desto konsequenter, je sympathischer ihnen Amerika ist. Über neunzig Prozent aller Bürger der Vereinigten Staaten sollen an einen persönlichen Gott glauben, der sie persönlich liebt. Trifft dies zu, dann muss ebendiese doppelt persönlich geformte Beziehung zu Gott das eine Prinzip unserer Kultur sein, das alle ethnischen, konfessionellen, generationsübergreifenden und über das Christentum hinausgehenden religiösen Unterschiede vereinigt.

*

»Mein Verhältnis zu Gott«, sagt ohne alle Ironie oder Willen zum Aperçu Teresa, die schwarze Elitestudentin, »ist wie das Verhältnis zu meinem Laptop. Auf beide verlasse ich mich im Alltag, aber ich vertraue ihnen auch meine geheimsten Gedanken und Gefühle an. Sie enttäuschen mich nie, und ich kann sie immer mitnehmen.«

*

Wo sich die schachbrettartige Stadtstruktur auf private Häuser und die sie umgebenden Gärten öffnen, heißen sie *»suburban culture«* und sind Anlass für intellektuellen Spott und eine gewisse Verlegenheit unter ihren wohlhabenden Bewohnern – fast als hätten sie die historische Bestimmung verfehlt, so betonkompakt wie Manhattan zu sein. Im suburbanen Amerika wirken nur die regelmäßig eingestreuten Versorgungsblöcke aus Supermärkten und dichtgedrängten kleinen Geschäften kompakt. Nicht selten gehen sie in

Zonen über, wo man pro Areal eine Kirche findet. Wie die Geschäfte werben diese Kirchen mit großen, zur Straßenseite gewandten Schildern: »*Saint Thomas Aquinas Catholic Church – Father Patrick Labelle. Holy Mass: Sunday 11 a.m.*«; oder »*First Presbyterian Church – Reverend Robert Martin III. Service: Sunday 10.30 a.m. www.pres.org*«. Das Identitätsversprechen jeder Gemeinde wird auffallend stark vom Namen ihres Geistlichen mitgetragen (eine bemerkenswerte Ausnahme ist »*Ananda – Church of Self-Realization*«, die keinen Namen anbietet), während die Architektur über alle Konfessionen und Religionen hinweg erstaunlich uniform aussieht. Es ist, als habe in den siebziger Jahren eine unaufhaltsame Welle sakralen Bauens, getragen von einem Willen zum Modernismus mit abgeschmirgelten Radikalitätsspitzen, die Grünflächen der Westküste durchwaltet. Im legendären Harlem, an der nördlichen Peripherie Manhattans, das eben in den Sog einer alles zum Luxuriösen umstülpenden Investitionswelle gerät, sind viele Kirchen weißgestrichene Baracken oder Garagen auf ehemaligen Parkplätzen. Aber auch dort fehlt kaum je der Name des Geistlichen: »*The Pentecostal Church of Christ. Minister: Josiah H. Jackson*«. Zwischen der offenen Kirchentür und einem Autowrack flirten junge Afroamerikaner im aggressiv farbigen Sonntagsstaat. Ein Mann jenseits allen Alters, hochgewachsen, mit einem glänzenden Zylinder auf dem Prophetenhaupt und den vom schnellen Schritt in die Luft gehobenen Schwalbenschwänzen seines abgeschabten Gehrocks, winkt ihnen mit unweltlicher Würde zum sonntäglichen Abschied.

*

Für diesen mild-sonnigen Ostersonntag haben mich Bekannte zum Gottesdienst in ihre Gemeinde, *The First Presbyterian Church of Palo Alto*, eingeladen. Die Geste widerspricht nach hiesigen Konventionen kaum der freundschaftlichen Distanz zwischen unseren Familien, und das etwas rätselhafte »*First*« im Namen der Kirche ist nicht mehr als das Ältestenrecht der in einer jeden Stadt zuerst gegründeten presbyterianischen Gemeinde. Für Palo Alto, eine wohlhabende Kleinstadt mit etwa sechzigtausend Einwohnern südlich von San Francisco und im Norden von Silicon Valley, ist es bei dieser einen *Presbyterian Church* geblieben. »*Presbyterian*«, habe ich mir angelesen, sind Gemeinden, welche von Calvins Theologie der Prädestinationslehre und der Realpräsenz Gottes geprägt waren, aber auf ihrem Weg über England in die Vereinigten Staaten durch mehrfache Wellen geistlicher Reform, zuletzt mit einer energischen Öffnung gegenüber allen Minderheiten, besonders gegenüber den Kulturen der Homosexualität, zu Positionen bemerkenswerter religiöser wie politischer Liberalität gelangt sind (mit individuellen Gemeindeausnahmen ist immer zu rechnen). Ich parke meinen Wagen, der ungewaschen und alt am Straßenrand sehr auffällig ist, und finde heraus, dass die Freunde noch nicht angekommen sind. Im Vorraum des Kirchengebäudes steht hinter einem Tisch voller Broschüren eine Frau, deren sorgsam faltige Miene zusammen mit der unbefleckbaren Sonntagsbluse alle Kriterien meines Lehrerinnen-Stereotyps erfüllt und die ein himmelblaues Plastikschildchen auf der Bluse als »*Greeter*« ausweist. Sie grüßt mich rollenkonform mit einer Höflichkeit, die sich mild vom Ton der Hotelrezeptionen unterscheidet und jedenfalls nicht in missionarisches Werben übergehen soll. Nein, Margaret und Ernie habe sie noch nicht gesehen, sagt Rose, die Begrüßerin, aber sie freue sich doch, dass ich zum Gottesdienst gekommen sei (»*that you came to worship with us*«). Zwanglos lässt sie mich dann in der mir fremden Welt eines allgemeinen österlichen Wohlwollens stehen, wo Großeltern ihre Enkelkinder auf die Wange küssen und Damen um die sechzig wie routinierte Hebammen die erstaunlich vielen Neugeborenen in Augenschein nehmen. Alle spüren, dass ich ein Fremder bin und wollen umso freundlicher sein, ohne mir doch – im wörtlichen Sinn – zu nahe zu treten. Ich beschließe, nicht aus Höflichkeit um Lektürematerial zu bitten, denn das könnte mich am Ende ja zum Missionsfall machen.

*

Bevor mein Warten auf die Freunde noch peinlicher wird, betrete ich das freundliche Kirchenschiff und setze mich, zunächst auf Distanz von den anderen Kirchgängern, in eine der hinteren Bänke. Jenseits des Altars lenkt ein längliches Fenster, etwas künstlich, aber wirkungsvoll, den Blick auf eine einzelne, hochgewachsene Kiefer. Kinderzeichnungen mit Motiven aus der Passionsgeschichte sind an einigen der Backsteinwände ausgestellt. Bald werden die Bänke angenehm voll, von Familien vor allem, ohne dass ich mich beengt fühle. Unter den Eltern dominieren gutgekleidete Mittvierziger: Ralph-Lauren-Polohemden und Röcke von Liz Claiborne, kurz genug, um nicht bigott zu wirken, aber auch nicht modisch ambitioniert. Sie kommen mit zwei oder drei Kindern zwischen Säuglings- und Teenageralter, die erstaunlich entspannt und doch gut erzogen wirken. Man begrüßt sich freundlich und anscheinend ohne vom Kirchenraum auferlegte Hemmungen. Asiatische, afroamerikanische oder mexikanische Gesichter kann ich kaum ausmachen – und die wenigen, die ich sehe, wirken so presbyterianisch wie alle anderen. Das Leben der Leute neben, vor und hinter mir muss im Gleichgewicht sein, denke ich unversehens, sie sind mit sich im Reinen, ohne selbstzufrieden zu wirken, und ich ertappe mich dabei, wie diese Intuitionen frei von Sarkasmus oder Ironie durch mein Bewusstsein ziehen, ohne Phantasien von skandalösen Geheimnissen heraufzubeschwören, bei denen das, was ich sehe, zur »bloßen Fassade« würde. Manche Männer haben den Arm um die Schultern oder auch die Taille ihrer Frau gelegt und geben damit der Kirche, ebenso wie die Stimmen der Kinder, eine körperliche Gegenwart, die zärtlich und fast etwas scheu wirkt. Ruhig, hochgestimmt, freundlich ist die Welt um mich – und vielleicht ein wenig flach. So wie die drei Geistlichen, die ohne Orgelbrausen ins Kirchenschiff treten. Sie wirken wie die Trinität des amerikanischen Berufslebens: Der Chefpastor ist zehn oder fünfzehn Jahre vor dem Pensionsalter, ein Mann, der sich gut gehalten hat, dem man einen Tennisschläger in die Hand drücken möchte; sein Assistent sieht aus, als habe er noch viel vor, ohne dabei fanatisch werden zu können; zu ihnen gesellt sich eine Frau, offenbar wenige Jahre älter als der Pastor, die zeigt, dass sie stolz auf ihr volles graues Haar ist und auch darauf, in dieser Lebensphase wieder in ihren Beruf zurückgekehrt zu sein (im Gemeindeblatt zum Ostersonntag werden die finanziellen Bedingungen mitgeteilt, zu denen sie gerade ihren Dienst angetreten hat). Die drei Geistlichen tragen knöchellange liturgische Gewänder, in Schwarz die Männer und die Frau in Weiß – und anders als die liturgischen Gewänder eines katholischen Priesters oder eines lutheranischen Pastors verweisen sie nicht zurück auf eine Tradition. In Schnitt und Bestickung sind sie entschieden eleganter als kunsthandwerklich – wie ein Äquivalent der vorsichtig-modernen Kirchenarchitektur.

*

Zur Eröffnung des Gottesdienstes rezitiert die Pastorin ernst und mit kräftiger Altstimme ein eigenes, offenbar sorgfältig vorformuliertes Gebet. Schon ihre ersten Worte schlagen einen Ton an, der die Gemeinde in nüchterne Wachheit und aufmerksame Spannung versetzt: »Es mag ganz absurd wirken in diesen Tagen und in dieser Zeit, wenn wir behaupten, dass irgendeine Religion – zumal das Christentum als Religion des gegenwärtigen amerikanischen Imperiums – die Kraft der Versöhnung, des Heilens und des Wiederaufrichtens nach Zerstörung und Tod sein kann.« Niemand nimmt Anstoß oder reagiert mit Befremden. Anscheinend hat die Pastorin nur das Selbstbild aktiviert, welches die Gemeinde vereinigt. Es ist das Bild einer ethisch selbstkritischen gebildeten amerikanischen Mittelklasse, die sich für ihre Regierung verantwortlich bis schuldig fühlt und inzwischen vielleicht schon zur stärksten Meinungsgruppe im Land geworden ist. Der Ton kritischer Wachheit soll nicht mehr verhallen: In den Fürbitten werden zuerst die islamischen Opfer der amerikanischen Militärinterventionen erwähnt, und als der Pastor die Gläubigen einlädt, Menschen und Gruppen zu nennen, für die man beten soll, ruft bald ein Mann mit fester Stimme: »Die zu Unrecht Gefangenen und ohne Gesetz Gefolterten von Guantánamo«. Nicht einmal die ARD-Tagesschau ist stärker meinungsbildend in ihren moralischen Bewertungen der Weltpolitik.

*

Man muss sich gar nicht mit all diesen entschlossenen Worten identifizieren, um angerührt zu sein von ihrer Klarheit, ihrem Ton und ihrer Resonanz an diesem Ostersonntag. Niemand klingt, als spreche er im Automatismus eines Rituals mit; jeder will eine individuelle Stimme im gemeinsamen Gebet sein. Ganz anders ist der Eindruck, als der von meinen (endlich angekommenen) Bekannten – musikalisch wohl zu Recht – so hochgelobte Gemeindechor zum Zug kommt. Die Aufführung einer Bach-Kantate trennt die Singenden auf der Empore von den Zuhörern im Kirchenschiff, so dass die mit Leidenschaft nach ethischen Werten suchenden Gläubigen für ein paar Minuten zu Bildungsbürgern werden, die angestrengt zu schätzen versuchen, was sie ihrem guten Geschmack schuldig sind.

*

Dann spricht Robert Martin III, der Chefpastor. Er ist wirklich ein mitreißender Redner, der es versteht, die Tradition des liturgischen Tons in den hellen Sätzen und scharfen Begriffen seiner politischen Botschaft mitklingen zu lassen – und der in jeder Sekunde um die Hörer wirbt, sosehr er sich auch seiner Wirkung gewiss ist. Die Botschaft von der Auferstehung wörtlich zu nehmen, wie es seine konservativen Kollegen tun, sei die »zentrale Häresie der modernen Zeit«. Denn Gottes Wort sterbe immer da, wo es der Vernunft einer Gegenwart widerspreche. »Wenn Sie also heute Morgen gekommen sind, um eine wörtliche Interpretation von Christi Auferstehung bestätigt zu bekommen, dann haben Sie den falschen Prediger gewählt!« Nicht den Mythos, sondern den lebendigen Geist der Auferstehung will er verkünden, und damit meint der Pastor eine bedingungslose Bereitschaft, all das, woran man sich individuell und kollektiv gewöhnt hat, in Frage zu stellen. »Lassen Sie die Maske des wohlhabenden Palo Alto fallen, dann werden Sie wirklich aus Ihren Gräbern steigen.« Die Selbstgefälligkeit politisch korrekter Meinungen soll überboten und aufgehoben werden in sich endlos erneuernd-selbstkritischer Wachheit. Zwar geht Robert Martin III an keiner Stelle seiner machtvoll vernünftigen Predigt so weit, explizit die Existenz Gottes oder seine reale Präsenz inmitten der Gemeinde in Frage zu stellen. Aber steht der Impuls der Worte nicht doch in latentem Widerspruch zu der Beschreibung des Gottesdiensts als *»worship«*?

Wird hier noch ein höheres Wesen verehrt und angebetet? Natürlich liegt das in der intellektuellen Logik allen protestantischen Christentums: Die historische Umstellung von der Konzentration auf Gottes Realpräsenz in der Welt hin zur Verkündigung seines Worts führt zu der Frage, warum es einer transzendentalen Dimension überhaupt bedarf. Verehrt und feiert sich die Gemeinde am Ende bloß selbst?

*

Aber diese Frage geht an der Sache vorbei. Denn wenn die Kirchgänger am Ostersonntag hochgestimmt sind, so erwächst ihre Hochstimmung aus der ekstatischen Bereitschaft, sich bis an die Grenze individueller Selbstaufgabe immer neuen ethischen Ansprüchen zu stellen. Darauf sind sie konzentriert. Zur Selbstfeier bleibt kein Spielraum, und das gilt für »progressive« ebenso wie für »konservative« Gemeinden. Was Religion in Amerika – auf der einen wie auf der anderen politischen Seite – ausmacht, ist die unangefochten zentrale Stellung ethischer Probleme und Werte, meist unter Ausblendung der mythologischen und sakralen Dimensionen. Gerade weil Ostersonntag ist, bleibt diese Feier ein reiner Wortgottesdienst. Ob man den »Geist der Auferstehung« nun als bedingungslose Selbstinfragestellung leben will oder – auf der anderen Seite der Straße vielleicht – als Gefühl des Triumphes über andere Kulturen und Religionen – keine der unterschiedlichen Haltungen zum Osterfest macht es nötig zu glauben, dass Gottes Sohn in die Welt kam, um die Menschen von den Folgen der Erbsünde zu erlösen. Man darf Religion in Amerika also weder mit der einen noch mit der anderen politischen oder ethischen Position identifizieren, sondern allein mit dem übergeordneten, in den allermeisten institutionellen Rahmen unserer Gesellschaft vorherrschenden moralischen Ernst. Solange er lebendig bleibt, können die politischen Parteien sich darauf beschränken, bloße Wahlbündnisse ohne weltanschauliche Kohärenz zu sein. Immer schon hat ethischer Ernst alle ästhetischen Verlockungen begrenzt und dominiert, sonntags wie alltags.

*

Am Ende des Kirchenschiffs, das der Kanzel gegenüberliegt, verabschiedet Robert Martin III die Gläubigen persönlich mit einem festen Händedruck und einigen freundlichen Worten. Ich sage ihm, wie sehr mich seine Rhetorik beeindruckt hat. »*Come worship with us again*«, antwortet er, als gäbe es etwas zu retten.

[2007]

Im Trailer leben

Man fährt eigentlich nie nach, sondern immer nur durch Half Moon Bay. Die kleine Stadt mit knapp elftausend Einwohnern liegt am Pazifik, dreißig Kilometer von San Francisco entfernt, und sie ist eine beliebige Station an jener berühmten Straße, die den Ozean in immer neuen atemberaubenden Ausblicken inszeniert. Gleich südlich von Half Moon Bay flankiert eine hochgelobte Golfanlage das unheimlich weiße Ritz Carlton Hotel, und nördlich gibt es, zwischen Felsen gedrängt, einen Strand, wo bei Ebbe die Krebse und Seesterne im flachen Wasser sichtbar werden. Half Moon Bay selbst hat außer erstaunlich vielen Tankstellen, ein paar schmuddligen asiatischen Restaurants und dem Einkaufszentrum mit Filialen der üblichen *fast-food*-Ketten und Supermärkten kaum etwas zu bieten. Vom Landesinneren kommend findet man links am Ortseingang, wo die Küste noch hinter Büschen verborgen ist, eine auf Weihnachtstannen spezialisierte Baumschule, und immer wenn ich dort vorbeifahre, will ich nach rechts abbiegen, in eine Siedlung aus Wohnwagen. Statt auf dem lehmigen Boden zu stehen, sind diese Wohnwagen dort, wo einmal ihre Räder gewesen sein müssen, auf Betonklötze aufgebockt. Obwohl neben jedem von ihnen wie abrufbereit ein Auto parkt, scheinen die Bewohner auf Bleiben eingestellt. Manche Wohnwagenfenster haben freundliche Blumenkästen, nirgends fehlt der übliche breitbeinig-schwarze Grill, und das Gestrüpp der Fernsehantennen kann es durchaus mit einer europäischen Reihenhaussiedlung aufnehmen, während die Zahl der im Seewind flatternden Nationalflaggen den historischen Spitzenzeiten in Deutschland entspricht, etwa bei der letzten Fußballweltmeisterschaft. Vor einigen Sommern hatten wir im Norden des Staats New York ein leicht heruntergekommenes Haus am Lake Cayuga gemietet, mit einer bis zur Wasseroberfläche eingesunkenen Anlegestelle, wo man wie auf einer Luftmatratze sonnenbaden konnte. Hier kamen wir auf dem Weg zu den spärlichen Geschäften auch an einer Wagenburg vorbei, deren Bild mir so lieb wurde wie die Erinnerung an den Adriaurlaub der fünfziger Jahre. Was hätte ich für eine Reifenpanne gegeben oder für jeden anderen Grund, die Wohnwagenleute um Hilfe zu bitten, und am Ende träumte ich davon, zum *barbecue* eingeladen zu werden. Denn wer nicht selbst in einem Trailer-Park wohnt, ist dort kaum willkommen. In unserer Stadt gibt es zum Beispiel einen Supermarkt mit sehr günstigen Preisen, zu dem man ab und an eben wegen dieser Preise fährt und um die Kriegsveteranen zu unterstützen, die das Geschäft betreiben. Doch kein Kunde käme auf den Gedanken, den *»Veterans' Modular Home Park«* zu suchen, der dort ausgeschildert ist.

*

Ebenso wenig würden die Bewohner von Trailer-Parks je von ihrem »Zuhause« reden. Denn wer das tut, ist schnell als *»trailer trash«* (oder auch als *»white trash«*) identifiziert, in der Regel unabhängig vom sozialen Stand oder vom Bildungsniveau der Gesprächspartner. Das ist ein erstaunlicher Mechanismus in jener amerikanischen Gesellschaft unserer Gegenwart, die sonst so stolz *»affirmative action«* als universales Prinzip hochhält, das heißt, die prononcierte Anerkennung aller Minderheitenkulturen, ohne Ausnahme. Seit langem gehört es zum polemischen Repertoire der Gegner von Bill Clinton, ihn und sein offenbar schwer unter Kontrolle zu bringendes Sexualleben mit der Trailer-Welt in Zusammenhang zu bringen. »Architekturhistoriker haben festgestellt«, hieß es vor kurzem in einer Fernsehshow, »dass die Clinton Presidential Library in Arkansas wie ein Trailer des größeren Bautyps aussieht. Und tatsächlich steht auf einem Schild am Eingang: ›Wenn die Bibliothek bebt, bitte nicht eintreten, ohne anzuklopfen‹ (›*If the library is rocking, don't come in without knocking*‹).« Das ist als Tiefschlag mit Erfolgsgarantie gemeint und liegt tatsächlich auf einem Niveau der Verunglimpfung, welches der sonst um eine wirkungsvolle Replik kaum verlegene Expräsident sorgsam ausklammert und umgeht. Der Trailer entspricht im kollektiven Imaginären von neunzig Prozent der Amerikaner genau jenem Bild, das Werner Herzogs Filmklassiker *Stroszek* von den Insassen der Wohnanhänger zeichnet: ein seniler Spinner, ein debiler Straßenmusiker, der es zum Automechaniker bringen möchte, und eine Strichnutte, die das ländliche Wisconsin als Markt für sich entdeckt, nachdem sie dem Stress ihres Berufslebens in Berlin nicht mehr gewachsen war. Neunzig Prozent der Amerikaner sehen es so, schreibe ich, weil die Demographen wissen, dass – seit etwa drei Jahrzehnten und ohne signifikante Veränderungen – etwa zehn Prozent der Bewohner des Landes in Trailern hausen (etwas geringer ist der Anteil der Trailer an der Gesamtzahl der Wohneinheiten, da der Raum pro Person dort naturgemäß eng bemessen ist). Unklar bleibt, ob im Land aufgewachsene Amerikaner je das romantische Verhältnis zu den Wohnwagenparks haben können, das die Szenen der Enteignung und Versteigerung in *Stroszek* für viele Zuschauer so schmerzhaft macht – und meinen Wunsch wachhält, in einen Trailer-Park zum Übernachten eingeladen zu werden. Bis zum Moment der Enteignung hofft man ja im Film inständig, dass es den drei

Protagonisten aus Berlin doch noch irgendwie gelingen möge, ihre Raten zu bezahlen, und in diesem Wunsch weht wohl ein Hauch sozialer Herablassung.

*

Der weichzeichnende Außenblick gutwilliger Intellektueller stimmt überein mit den weit spezifischeren Hoffnungen und Werten, von denen die Bewohner der Trailer-Parks sprechen, wenn sie unter sich sind. Natürlich hat der freundliche Außenblick, zum Beispiel mein eigener, nichts mit irgendeiner konkreten Erfahrung zu tun, aber es ist ja nicht ganz ausgeschlossen, dass solche Projektionen die Wirklichkeit treffen. Trauen die Trailer-Bewohner selbst den Worten und Werten ihrer Insidergespräche? Ich frage einen Kollegen, der einmal beiläufig – und vielleicht nur, weil er so gerne provoziert – für sich in Anspruch genommen hat, *»trailer trash«* zu sein, ob er irgendwelche positiven Erinnerungen hat. Als kleiner Junge, sagt der Kollege, habe er in den heißen Sommermonaten unter dem Trailer gelegen und habe Comics gelesen. Sonst gebe es eigentlich nur zu erwähnen, wie stolz der Vater gewesen sei, »ein Eigenheim zu besitzen«, und wie dieser Stolz des Vaters den Kinderblick auf die Maserung der Holzimitationen in der Küche verklärte. Mit seiner kleinen Hand wollte er damals ihr nichtexistierendes Profil streicheln. Der größte Tag im Leben des Vaters sei die Ankunft des neuen *»double wide«* gewesen, die Ankunft eines doppelt breiten Trailers, wie er in den Clinton-Witzen evoziert wird, um den ehemaligen Präsidenten als einen Trailer-Bewohner mit sozialem Aufstiegsehrgeiz vorzustellen. Damals, mein Kollege ist Ende dreißig, müssen sich die meisten Leute in Trailer-Parks noch für besonders »authentisch« gehalten haben. Sie wollten *»rednecks«* sein, politisch konservativ aus Ressentiment, bis über die Schwelle des Rassismus. Von der unendlichen amerikanischen Freiheit war wohl auch die Rede und von der Möglichkeit, immer wieder aufzubrechen. Bis in die sechziger Jahre soll es Trailer-Parks gegeben haben, deren Verwalter angewiesen waren, nur Weiße zuzulassen. Es mag ein paradoxaler Effekt dieser Tendenz gewesen sein, dass »*trailer trash*« und »*white trash*« bald zu beinahe synonymen Ausdrücken wurden.

*

All diese Ansprüche und Vorurteile gibt es noch immer, doch heute konzentrieren sich die Trailer-Bewohner und ihre Immobilienmakler vor allem auf finanzielle Details. In einer Hochglanzbroschüre präsentiert sich (unter einem mit Herzen gefüllten Häuslein als Logo) Joannie O'Brien, eine füllige Mittfünfzigerin mit stählerner Dauerwelle, großzügig aufgetragenem Lippenstift und freundlichen Triefaugen als »Silicon Valleys führende Advokatin für ›grundstückfreies Wohnen‹«. Obwohl sie es längst schon zur Multimillionärin gebracht haben will, wohnt sie weiter in einem »*prefab home*« (»Trailer-Parks mag es vor sechzig Jahren einmal gegeben haben«). Diese Lebensform schenke ihr und dem Gatten Tony ungeahnte Freiheit und sei bis heute »das am besten gehütete Geheimnis des Immobilienmarkts geblieben«. Ein Bundesrichter und viele ehrenwerte Pensionäre würden ihre Einstellung teilen – denn, Hand aufs Herz, warum sollte man 900 000 Dollar ausgeben (eine angesichts der inzwischen die Welt bedrängenden Realität eher vorsichtige Schätzung), wenn derselbe Raum viel billiger zu haben sei? Da kann Frau O'Briens Kollegin Kathryn Carr nur zustimmen, die pastellfarben gekleidet und mit ebenfalls voluminöser Frisur neben der Chefideologin abgelichtet ist. »*Good news*«, schreibt sie, soeben seien ihr »mehrere Millionen Dollar für Immobilienkredite zugewiesen worden«, und sie warte nun auf Anrufe,

»solange das Kapital reicht«. Bemerkenswert sei außerdem, dass *»prefab homes«* gegenüber »konventionellen Häusern bis zu achtunddreißig Prozent an Energie einsparen«.

*

Über Jahrzehnte hat sich als Wirklichkeit der Trailer-Parks ein ideologisches Dreieck gehalten mit dem scharfen Gegensatz zwischen Außenverachtung und trotzigem Innenstolz an der Basis und romantischen Phantasien aus der Distanz. Nur die Proportionen im Selbstbild der Trailer-Bewohner sind etwas verschoben: Während sie früher glaubten, die echtesten Amerikaner zu sein, weil sie an einer sehr nationalen Wolke von Freiheit hingen, halten sie sich heute wirtschaftliche Rationalität zugute. Meine Freundin Margaret weiß noch, wie zufrieden ihre Eltern waren, als sie vor mehr als vierzig Jahren aus dem engen Haus in einen Trailer-Park umzogen. Dort wurde dann der Vater erschossen, als er versuchte, einen Streit unter Nachbarn zu schlichten.

*

Viel früher, unmittelbar vor der Weltwirtschaftskrise der späten zwanziger Jahre, waren die damals gerade auf den Markt gekommenen *trailers* ein Spielzeug für Millionäre und Prominente. Ihre Geschichte beginnt beinahe mythologisch mit dem gemeinsamen Wochenende, das Präsident Harding, der Erfinder Edison und der Automagnat Henry Ford in ihren von wuchtigen Limousinen durchs Land gezogenen Wohnwagen verbrachten. Zusätzliches Prestige steuerten die rationalistischen Prognosen avantgardistischer Architekten und Designer bei, die in den Trailern ein zentrales Wohnelement der Zukunft sahen. Ihre Voraussage sollte sich unter ungeahnten Bedingungen erfüllen. Denn in den Armutsjahren der Depression machten sich Zehntausende von Familien mit mühsam funktionstüchtig gehaltenen Autos und winzigen *trailers* auf Arbeitssuche, meist in nördlicher und westlicher Richtung. Während des Zweiten Weltkriegs kam es dann schon regelmäßig zu Trailer-Ballungen, wo immer die neuen Zentren der Rüstungsindustrie zeitlich begrenzte Möglichkeiten der Beschäftigung boten. Berühmt sind die Trailer-Parks neben den Produktionsstätten der Atombombe geworden. Zu einer Lebensform für zehn Prozent der Einwohner stiegen sie im Jahrzehnt nach Ende des Kriegs auf. Dafür gab es zwei Gründe: die Bevölkerungsexplosion jener Zeit und eine Gesetzgebung (*»GI-Bill«*), die Kriegsteilnehmern in begrenztem finanziellen Rahmen den Erwerb von Eigenheimen ermöglichte. Jetzt erst begann die entstehende Trailer-Industrie ihre Produkte vom ursprünglichen Gebrauch als mobiles Ferienheim auf andere, längerfristige Funktionen umzustellen. Zugleich entstand die bis heute fortlebende ideologische Spannung. Primäre Motivation für die Verachtung der Trailer-Bewohner war wohl die Konkurrenz mit den nur etwas bessergestellten Besitzern kleiner Häuser, oft Reihenhäuser in den neuen Vierteln an der Peripherie der Städte. Für deren Augen und Ängste waren die Trailer-Parks eine Sphäre unheimlicher Doppelgänger. Die vage Antipathie konkretisierte und verschärfte sich durch Warnungen, die der Kommunistenjäger J. Edgar Hoover vom FBI unters Volk bringen ließ: »Es gibt heute ein neues Heim der Krankheit, der Erpressung und der Korruption in Amerika, ein Heim der moralischen Perversion, der Vergewaltigung und der weißen Sklaverei. So wie das Verbrechen früher in Zonen der Segregation blühte, zeigt es sich nun in den mobilen Wohnungen am Stadtrand.« Der einen Krieg legitimierende Verdacht, dass Saddam Hussein Massenvernichtungswaffen auf mobilen Anhängerplattformen der UNO-Kontrolle entzogen habe, mag hier seinen historischen Ursprung haben. Während aber die Trailer-Industrie und ihre Makler auf Hoovers psychologischen Krieg mit der Publikation illustrierter Magazine reagierten, welche die Trailer-Welt zur Wohnstätte amerikanischer Tugenden verklärten, gerieten die Bewohner der Trailer in mehreren Staaten des Mittleren Westens und des Südens unter den Druck der Polizei, die sie nach Ablauf willkürlich gesetzter Fristen gewaltsam von ihren Parkplätzen zu vertreiben suchte. Die dominierende Tendenz der von beiden Seiten angerufenen Rechtsprechung förderte lokal auszuhandelnde Kompromisse. So sind Mobil-Heime seit den frühen sechziger Jahren zu einer stabilen Besonderheit in der amerikanischen Kultur geworden. Gut vier Jahrzehnte später zeigen die Statistiken, dass ihre Besitzer die Wohnungen etwas seltener wechseln als die Besitzer von Reihenhäusern.

*

Für sieben Uhr habe ich eine Verabredung zum Abendessen mit Marías Familie, die in einem *prefab-home-park* wohnt. María leitet ebenso kompetent wie effizient die Verwaltungsgeschäfte im Department of Spanish and Portuguese an unserer Universität. Weil wir mit Sympathie zusammenarbeiten und weil mir endlich klar geworden ist, dass meine romantische Neugierde anders nie zum Ziel kommen wird, habe ich den Mut gefasst, sie einfach um eine Einladung zu bitten. Vor fünfzehn Jahren, wohl noch im Teenageralter, ist María mit ihrer Schwester aus Mexiko eingewandert und hat zunächst als Kassiererin im Supermarkt gearbeitet. Inzwischen erledigt sie ihre anspruchsvolle und gutbezahlte Aufgabe bei einem Arbeitgeber mit strahlendem Prestige. Eine halbe Autostunde von der Universität entfernt, ist es nicht ganz einfach, die Einfahrt ihres Trailer-Parks zu finden. Sie liegt am Ende der Straße, direkt vor einer Mauer, die den

Lärm der Autobahn dämpft, und eine halbe Meile hinter dem letzten Reihenhaus. María, ihr Mann Glenn und das dreijährige Töchterchen Halle sind gerade erst angekommen und stehen, Einkaufstüten balancierend, auf der Treppe. Glenn trägt ein T-Shirt unserer Konkurrenz, der University of California at Berkeley. Ob er dort studiere, frage ich höflich und etwas erstaunt. Nein, nur die blaue Farbe habe ihm gefallen, aber wie seine Frau arbeite er abends für sein Diplom in Software Administration bei einer Fernuniversität. Wir setzen uns in Clubsessel mit Plastiküberzug, und María gibt mir ein schweres Whiskeyglas mit Diet Coke (sie kennt meine Vorlieben). Ein Gespräch kommt nur schwer in Gang. Halle bringt ein Spielzeug nach dem anderen, lässt den ferngesteuerten Staubsauger über den Velours schnurren und nimmt mich dann mit in ihr Zimmer, immer hinter dem Staubsauger her. Es ist aufgeräumt wie ein Ausstellungsraum, zwischen Ikea-Möbeln der höheren Preiskategorie und mehreren Magnetplatten mit Buchstaben an der Wand. Dann könne sie mir ja gleich ihr ganzes Heim zeigen, sagt María halb verlegen, halb stolz. Was ich sehe, ist typisch für die mittelste amerikanische Mittelklasse; nicht anders würde es in einem repräsentativen Reihenhaus aussehen. Zu Höhepunkten der Führung werden das winzige Blumengärtchen zwischen diesem und dem nächsten Trailer sowie der Fernsehraum mit einer Ausstattung, die so hightech ist, dass ich die Funktionen der einzelnen Teile oft gar nicht erraten kann. Dies sei ein Hauptgrund, erklärt Glenn, warum María und er sich für das *prefab home* entschieden hätten: in einem Reihenhaus müsse man der Nachbarn wegen immer auf die Lautstärke achten. María macht sich ans Kochen und sagt, das liege ihr nicht besonders. Eine halbe Stunde später deckt sie den Tisch mit Geschirr und Besteck von bürgerlicher

Schwere. Glenn und Halle fangen etwas lustlos mit dem Essen an, sobald die gefüllten Teller vor ihnen stehen. Kochen ist tatsächlich nicht Marías Stärke, denke ich über dem Lachs mit dampfenden Broccoli. Gesprächspausen zu vermeiden fällt weiter schwer. Sobald ihre Teller leer sind, stehen Glenn und Halle auf. Es sei schade, sagt María, sie kämen eigentlich nie dazu, gemeinsam zu essen. Aber das Kind, das sie sich nach zehn Jahren Ehe angeschafft hätten, als Glenn spürte, dass Fernkurse allein das Leben nicht ausmachen könnten, sei seine Erfüllung. Über dem Espresso aus der hochautomatischen Maschine sprechen María und ich von ihrem Department. Glenn zeigt mir noch schnell ein Video von dem großen Tag, als das Heim auf einem Tieflader geliefert wurde. Als ich mit der freundlichen Familie, die mich verabschiedet, neben dem Auto stehe, merke ich, wie warm es in ihrem Haus war, und das tut mir leid für María, Glenn und Halle. Auf dem Parkplatz vor einem anderen *prefab home*, das zum Wiederverkauf angeboten wird, glänzt ein weißer Jaguar. Eher ein Werbetrick, denke ich, ein Gruß von der millionenschweren Joannie O'Brien.

*

Glenn, der früher selbst *prefab homes* verkaufte, hat mir erklärt, was für die Wohncontainer spricht. Sie kosten etwa sechzig Prozent weniger als ein Haus mit gleicher Grundfläche. Außerdem muss man nur eine bescheidene Parkgebühr pro Monat zahlen statt der halbjährlich happigen Eigentumssteuer. Der einzige Haken sei, dass langfristig – ganz im Gegensatz zu den Reihenhäusern – kaum mit einer Wertsteigerung zu rechnen ist. María sagt mir, sie wolle so bald als möglich ein Haus mit richtigem Garten haben. Dafür arbeiten die beiden siebzig Stunden pro Woche und treten wegen der mangelnden Wertsteigerung doch auf der Stelle. Vielleicht liegt das in der Geschichte der Trailer, die eine exzentrische und zugleich essentielle amerikanische Geschichte ist.

[2007]

Der Mythos von »America«

Die Trilogie *Der Pate*, so war nicht lange nach der Premiere ihres Schlussteils in der *New York Times* zu lesen, sei »wohl das größte amerikanische Kunstwerk des zwanzigsten Jahrhunderts«. In einem derart Kanon- und Ranglisten-besessenen Land wie meinem ist die potentielle Naivität und empirische Unhaltbarkeit von solchen Erklärungen immer schon einkalkuliert – um ihres Provokationswerts willen. Wir brauchen also keine Zeit zu verlieren mit multikulturellen Relativierungen oder politisch korrekten Entschuldigungen, umso weniger als der Anspruch dieses Urteils unzweideutig begrenzt ist (das Adjektiv »amerikanisch« bezieht sich natürlich allein auf die Vereinigten Staaten), und stellen gleich die entscheidende Frage, nämlich was in so hervorstechender und qualitativ eminenter Weise »amerikanisch« ist an der Trilogie *Der Pate*. Dabei soll aus zwei Gründen nicht zwischen Mario Puzos 1969 erschienenem Erfolgsroman und den drei Filmen des Regisseurs Francis Ford Coppola mit demselben Titel aus den Jahren 1972, 1974 und 1990 unterschieden werden: einmal weil Puzo als Co-Autor der Drehbücher für die beiden ersten Filme fungierte und selbst der letzte ohne den Anstoß seiner Imagination undenkbar gewesen wäre; aber auch, um die Trilogie als Werk gegenüber der (natürlich berechtigten) Bewunderung für individuelle Leistungen und Meinungen auf Distanz zu halten. Die zentrale Frage nach dem amerikanischen Charakter strebt dann auseinander in zwei Aspekte, zwischen denen meine Beschreibungen und Thesen oszillieren werden. Der erste bezieht sich auf die Produktionstechniken und ihre Effekte (anders formuliert: Steht die Trilolgie *Der Pate* für eine besondere amerikanische Ästhetik?); der zweite Aspekt ist auf das Problem gerichtet, ob in der Trilogie ein bestimmtes Selbstverständnis der Nation seine Form findet und sich dann selbst konturierend verdichtet (vereinfacht gesagt: Ist der *Pate* eine amerikanische Ideologie – oder gar der Mythos von *America*?).

*

Familienfeste der Corleones eröffnen die Handlung in jedem Teil der Trilogie: die Hochzeit von Connie, der 1927 geborenen Tochter des Patriarchen Vito Corleone, im Sommer 1945 auf Staten Island im Staat New York; die Erstkommunion von Vito Corleones Enkel Anthony ein gutes Jahrzehnt später auf dem Besitz seines Vaters Michael, Vitos 1920 geborenem jüngsten Sohn, bei Lake Tahoe im Staat Nevada; und die Erhebung von Michael Corleone in den Stand eines vatikanischen *commendatore* in einem Luxusapartment von Manhattan gegen Ende der siebziger Jahre. Es nimmt je eine gute halbe Stunde Filmzeit in Anspruch, diese drei Feste in der Besonderheit ihrer historischen und regionalen Stimmungen heraufzubeschwören. Kontrapunktisch gewinnen die Feiern Gestalt zwischen musikalisch untermalten, brueghelsch wirkenden Situationen italienischer Geselligkeit und Geschäftsgesprächen unter wenigen Männern im privaten Büro des Don, dem jeweiligen Familienoberhaupt. Beide szenischen Modalitäten ermutigen den Zuschauer, sich fast physisch gegenwärtig zu fühlen in der öffentlichen wie in der geheimen Hemisphäre der Corleone-Welt. Auch das Ende der drei Filme ist kontrapunktisch, nun aber im Verhältnis zu den Feiern am Anfang. Sie schließen mit für die Erfolgsgeschichte der Familie entscheidenden, in gnadenlos blutigen Details geschilderten Serien von Morden, deren Unvermeidlichkeit der regierende Don als *mastermind* erkannt und deren subtil-komplexe Simultanstrategie er erfunden hat, einschließlich perfekter Alibis für seine eigene Person im Schoß der Familie und ihrer Rituale. Im ersten Teil ist dies die Eliminierung der Häupter aller anderen Mafia-Familien von New York (einschließlich des mit geringer, alibibedingter Verspätung erdrosselten Verräters Carlo, Connies Mann), während Michael Corleone das Söhnchen von Connie und Carlo als Pate überm Taufbecken hält (Carlo hatte eine Rolle bei der brutalen Exekution von Santino, dem ältesten Sohn von Vito Corleone, gespielt). So kommt das erste New Yorker Kapitel der Familiengeschichte zum Abschluss. Der dritte Teil führt zur Zerstörung jener Elite der sizilianischen Konkurrenz-Mafia, welche die globalen Geschäfte des Vatikans kontrolliert, zusammen mit ihrem Helfern in der katholischen Hierarchie und dem greisen Altobello, einem zu verräterischer Vermittlung neigenden, sonst aber eher sympathischen Familienfreund, der einst Connies Taufpate gewesen war. Dieser letzte Schritt hin zur internationalen Machtposition der Corleones ist das Gesellen- und Meisterstück von Vincenzo Corleone, Michaels Neffen und jungem Nachfolger als Don, der zum Zeitpunkt der Verbrechen im Opernhaus von Palermo einer Aufführung der *Cavalleria rusticana* mit Schwager Anthony in der Hauptrolle lauscht. In noch konzentrierterer Weise dramatisch ist freilich die den mittleren Teil der Trilogie beschließende Mord-Sequenz. Ihr erstes Opfer ist Hyman Roth, ein jüdischer Wirtschaftskrimineller und Geschäftspartner des alten Don aus den zwanziger Jahren, der im Moment der Ablehnung seines Wiedereintritts in die Vereinigten Staaten erschossen wird – und zwar unter Umständen, deren Choreographie wie ein Zitat des Mordes an Lee Harvey Oswald, dem mutmaßlichen Mörder von John Kennedy, aussieht. Michael Corleone hält sich Tausende von Meilen entfernt in Tahoe auf, und ebenfalls in Tahoe verfolgt der Don, nun aber in Sichtweite, die als Angelunfall getarnte Ermordung seines zweitältesten Bruders Fredo, der sich mit den Handlangern von Hyman Roth gegen das Leben von Michael, seiner Frau und seinen Kindern verschworen hatte. Wenn die Familienfeste den Zuschauer einladen, sich behaglich zu fühlen in der Welt der Corleones, so wird er auf diese und viele andere Morde mit Abscheu und Furcht, den gegenläufigen Präsenz-Effekten, reagieren. Es ist wohl vor allem die sich steigernde Spannung zwischen anziehenden und abstoßenden Appellen, die das Publikum in Bann hält. Hinzu kommen eine Detailgenauigkeit der Kulissen und Besetzung; ein auf physische Identifikation und maximale Improvisation eingestellter Stil der Regie und des Schauspielens, der vielleicht nie überzeugender in Szene gesetzt wurde als von Marlon Brando, Robert De Niro und Al Pacino; schließlich eine Aktivierung aller zur Verfügung stehenden technischen Möglichkeiten der Illusionsproduktion, welche die Trilogie *Der Pate* zusammen wie eine Erfüllung aller Realismus-Begierden seit Homer wirken lassen. Gebündelter und massiver wirklich sein zu wollen als selbst die dramatischste Wirklichkeit des Lebens (auf historische Ereignisse wird immer wieder mit Gesten des Überbietens angespielt), das ist bis heute der Ehrgeiz der Hollywood-Kunst – und nichts liegt ihr ferner als Unstimmigkeiten oder dem Zuschauer aufgezwungene Schübe von avantgardistischer Selbstreflexion. Hollywood enstand als die Kunst eines Landes, dessen Alltag kaum historische Tiefe hat und an manchen Orten so vorhersehbar scheint wie der Wechsel der Jahreszeiten.

*

Ganz anders und ebenso amerikanisch ist das patriotische Glaubensbekenntnis des Bestattungsunternehmers Bonasera, mit dem die Trilogie im Büro von Don Vito während Connies Hochzeit einsetzt. Denn es wird als patriotischer Diskurs in englisch-amerikanischer Sprache mit hartem italienischen Akzent gesprochen: »*I believe in America. America has made my fortune. And I raised my daughter in the American fashion. I gave her freedom, but I taught her never to dishonor her family.*« Für Bonasera und für Don Vito, an den er sich als Bittsteller wendet, versteht es sich – und für jeden Bürger der Vereinigten Staaten sollte es sich verstehen –, dass diese amerikanische Freiheit zum Reichtum (oder zur Armut) auch die Freiheit von jeglicher dominanten Ethnie oder Kultur einschließt und mithin die Freiheit, ja sogar die Notwendigkeit, die Sitten des eigenen Ursprungslands in der neuen Heimat beizubehalten und zu kultivieren. Wo die verschiedenen amerikanischen Ursprungskulturen aber in Konflikt geraten, wie im Verhältnis von Bonaseras Tochter zu ihrem *boyfriend*, »der kein Italiener war« und sie zusammen mit einem Kumpel zu vergewaltigen suchte, da versagt der amerikanische Staat nicht selten bei der Stiftung von Gerechtigkeit – und führt so zu der anderen amerikanische Versuchung und Freiheit, sich auf eigene Faust oder mit Hilfe illegaler Institutionen Gerechtigkeit zu verschaffen. Bonasera küsst Don Vitos Hand und wird um der begehrten Gerechtigkeit willen zu seinem Vasallen. Das ist die elementare Erfahrungsstruktur der Trilogie. Von ihr ausgehend bilden Hunderte von Protagonisten die Handlung und gelangen zu zwei weiteren zentralen Einsichten: einmal zu der Einsicht, dass trotz des bis zur Absenz und totalen Korruption schwachen Staates jede private Herstellung von Gerechtigkeit nicht nur als Gesetzesbruch gilt, sondern auch die Interessen anderer Privatpersonen beeinträchtigen muss, und deshalb eine Spirale von strafrechtlicher Verfolgung und privaten Racheakten in Bewegung setzt. Bitterer noch ist die paradoxale Einsicht, dass solche Spiralen aus strafrechtlicher Verfolgung, Rache und ihrem vielfachen Widerhall auch jene Solidarität in Mitleidenschaft ziehen, auf welche sich die amerikanische Freiheit zur privaten Gerechtigkeitsschaffung stützt – nämlich die auf Ehre und Stolz gebaute Solidarität innerhalb der Ethnien und sogar die in Liebe begründete Solidarität der Kernfamilien. Während aber die Kriege zwischen sizilianischen Unterwelt-Clans wie ein sich regelmäßig wiederholendes Schicksal hingenommen und immer wieder gemeistert werden, erlebt man den Verrat in der Kernfamilie als das Unfassliche an sich. Nicht einmal der stahlharte Michael kommt mit seiner – machtpragmatisch ja durchaus plausiblen – Verantwortung für den Tod Fredos, »des Sohns seiner Mutter und seines Vaters«, zurande. Wie im klassischen Griechenland ist die Familie – allein und unvermeidlich die Familie – der Ort der Tragödie.

*

Im Wechsel von amerikanischen und sizilianischen Szenen evoziert die Trilogie vier Zeitschichten, welche das zwanzigste Jahrhundert ausfüllen, aber doch nicht als lineare Sequenz präsentiert werden: den Jahrhundertbeginn (Vito Corleone kommt 1901 als neunjähriger Waise in die Vereinigten Staaten); die zwanziger Jahre (als Vito, allein auf die eigene entschlossene Intelligenz vertrauend, vom Handlungsgehilfen zum einflussreichen und millionenschweren Don aufsteigt); die Jahrhundertmitte (die mit einem Krisenmoment der Corleone-Familie beginnt, um nach der Übernahme der Geschäfte durch Michael im Triumph über die anderen Mafia-Familien und mit der Verlagerung des Familienvermögens nach Nevada zu enden); und das im Tod Michaels erreichte Jahrhundertende (welches die Corleones nah an das permanente Endziel vollkommener Legitimität und unter Führung des neuen Don Vincenzo in den Kreis der reichsten Familien der Welt gebracht hat). Die Handlung setzt 1945 ein, als sich die Vereinigten Staaten definitiv in ihrer Weltmachtrolle etabliert hatten, ohne noch von den ersten Effekten einer Erosion beeinträchtigt zu sein. Statt der direkten chronologischen Abfolge, die im Hintergrund des filmischen Erzählens freilich stets transparent bleibt, dominiert in der Anordnung der Szenen ein Muster von motivischen Wiederholungen, das in verschiedenen Modi realisiert wird: in der unübersehbaren (und schon beschriebenen) kontrapunktischen Wiederkehr von Familienfeiern und Mordsequenzen; in untergeordneten Handlungsmustern mit struktureller Ähnlichkeit (Vincenzos Sieg über den eingebildeten, aber vom Machtzentrum der Feindesfamilien weit entfernten Joey Zaza spielt sich auf denselben Straßen und unter ähnlichen Bedingungen ab wie ein halbes Jahrhundert zuvor der Sieg seines Großvaters Vito über den Erpresser Fanucci); in der manchmal explizit gemachten und manchmal verdeckten Wiederkehr von Protagonisten nach langer Abwesenheit (sowohl der Popstar Johnny Fontane wie der Zuckerbäcker Enzo erscheinen nach Connies Hochzeit im Sommer 1945 erst 1979, bei Michaels Erhebung zum *commendatore*, wieder); schließlich im retrospektiven Bedeutsamkeitszuwachs von zunächst scheinbar marginalen Episoden (Santino Corleones außereheliches Dauer-Verhältnis zu Lucy Mancini wird zur vergangenen Zukunft der Familie, als ihr 1948 geborener Sohns Vincenzo gut dreißig Jahre später zum Don aufsteigt). Aus der Überlagerung des schnellen Wandels von Stilarten und politischen Konstellationen im historischen Hintergrund durch solche obsessiven Muster von Wiederholung und Wiederkehr entsteht der Eindruck eines langsamen, ja manchmal fast stockenden Zeitverlaufs in der Familien-Geschichte. Der Aufstieg der Corleones ist stetig, doch er verläuft nicht ohne Rückschläge und Phasen der Stagnation; wachsende Entfremdung bei der Entwicklung des Familienbetriebes zum globalen Wirtschaftsimperium steht ihm gegenüber (Michael erinnert sich nostalgisch daran, dass sein Vater wohltätige Stiftungen verabscheute, weil er sich es leisten konnte, Bedürftigen persönlich zu helfen). Zugleich ist diese Zeit episch, weil bestimmte Charaktertypen und Handlungsmuster erst in ihrer Wiederholung unter verschiedenen Bedingungen geschichtlichen Wandels stabile Konturen entwickeln. Schließlich verdichtet sich im Lauf der Trilogie die Ahnung, dass ihre Zeit nicht nur fortschreitend und episch, sondern auch mythologisch sein könnte, und zwar »mythologisch« im Sinn der einst von dem Literaturwissenschaftler André Jolles vorgeschlagenen Begriffsbestimmung – als narrative Antwort auf eine Frage, deren erzählerische Kraft so machtvoll ist, dass sie diese Ursprungsfrage vergessen macht.

*

Was könnte eine Frage sein, durch die der *Pate* zur amerikanischen Mythologie wird? Drei Corleone-Generationen arbeiten sich an der Aufgabe ab, die durch Gerechtigkeitsschaffung abseits des Staates immer wieder ausgelöste Abfolge von Grenzüberschreitung, Verfolgung, Rache und erneuter, reaktiver Grenzüberschreitung, Verfolgung und Rache zum Stillstand zu bringen. Der Traum des alten Don (Don Vitos Antwort auf die mythologische Frage) war ein Traum von Legitimität. Deshalb schickte er seinen jüngsten Sohn Michael nach Dartmouth aufs College und deshalb weigerte er sich, mit den anderen Mafia-Familien ins Drogengeschäft einzusteigen. Michael seinerseits macht – nicht zufällig während der Jahre im berühmt-berüchtigten Staat Nevada – die Erfahrung, dass gerade dort, wo sein Vater auf überpersönliche Prinzipientreue hoffte, nämlich in der Judikative und in der Exekutive, die moralischen Standards des organisierten Verbrechens noch unterboten werden. Selbst in seinen Geschäften mit dem Vatikan muss er entdecken, dass sich hinter der Fassade christlicher Ethik längst die italienische Mafia-Welt etabliert hat. Noch konsequenter als sein Vater setzt Michael deshalb auf die Rationalität von persönlicher Sicherheit und *business*, welche ihn zur strikten Trennung von *business* und Gefühlen verpflichtet. Eben seiner eigenen Rationalität und ihrer Anerkennung durch den Vater verdankt der drittgeborene Michael ja den Aufstieg zum Don, und er folgt derselben Rationalität, als er den Bastard Vincenzo zu seinem Nachfolger kürt. Geschäftliche Vernunft als amerikanische Antwort auf die amerikanische Frage des Mythos unterdrückt und versagt sich aber jegliches Gefühl für das Tragische. Michael Corleone ist nicht nur kaltblütig genug, die Ermordung seines Bruders Fredo in Augenschein zu nehmen, dessen Labilität zum Sicherheitsrisiko für die Familie geworden ist; als ihn der Kardinal von Palermo (und spätere Papst Johannes Paul I.) zwanzig Jahre später überredet, diese Sünde zu beichten, um so Vergebung zu erlangen, streicht Michael die performative Kraft der Konfession durch die Bemerkung aus, dass ihm die Reue fehle, an die theologisch die Wirkung von Vergebung – und damit die Erlösung von der Spirale der Vergeltung – gebunden ist. Damit übergibt er, ohne es zu wissen, sein Schicksal, dies jedenfalls würde eine mythologische Deutung der Trilogie beanspruchen, der tragischen Logik einer Abgleichung von Opfer und Gegen-Opfer innerhalb der Familie, welche zu unterbrechen er versucht – und versäumt – hat. Als seine Tochter Mary auf den Stufen des Opernhauses von Palermo tödlich von Kugeln getroffen wird, die für Michael bestimmt waren, sind dank der kriminellen Umsicht von Vincenzo Corleone bereits alle Auftraggeber des Schützen eliminiert. Das bedeutet, dass Marys Tod innerhalb der sizilianisch-römisch-amerikanischen Bandenkriege keine Funktion mehr hat. Sie ist nur noch in der nicht unterbundenen Familientragödie das von Michael und Vincenzo gemeinsam geliebte und gemeinsam unwillkürlich ausgesonderte Opfertier, durch dessen Tod die Corleones vielleicht vom Fluch der Ermordung Fredos befreit werden. Dieser unbewusste Pakt zwischen Onkel und Neffen war angelegt in der von Vincenzo akzeptierten und ihn zum Don erhebenden Bedingung Michaels, die inzestuöse Beziehung zu seiner Tochter und Vincenzos Cousine Mary zu beenden. Marys letzte Worte, Sekunden vor ihrem Tod, gewinnen so eine mythologisch doppelte Bedeutung: *»Dad, why are you doing this to me?«* Warum nimmst du mir den Liebhaber und warum kaufst du dich durch meinen Tod vom Fluch des Brudermords los – wenn du mich doch als deine Tochter liebst? Im langen stummen Schrei von Al Pacino, im Insulinschock von Michael Corleone zerschellt das Leben des alten Don an der paradoxalen Wucht einer nun individuellen Schuld, welche seine Familie für immer entlastet haben mag. Als gefasste Beobachterin wacht über dieser Szene Michaels Schwester und Marys Tante Connie, die von der naiven Braut zu Beginn zur Verkörperung von Schluss-Triumph und Schluss-Tragik der Corleones gealtert ist.

*

Wie eine Projektion jener Entschlossenheit der amerikanischen Gesellschaft, sich privat Gerechtigkeit zu verschaffen, wo der Staat als gerechtigkeitsstiftende Instanz versagt, mutet auch die Rolle der Vereinigten Staaten in der Geschichte des zwanzigsten Jahrhunderts an. Natürlich verfolgte ihre Außenpolitik immer bestimmte nationale Interessen, darin war sie weder außergewöhnlich noch problematisch. Zugleich ist aber ernst zu nehmen, dass die Vereinigten Staaten in Konflikte oft mit dem Anspruch eingriffen, Gerechtigkeit herzustellen, wenn es zwischen den Antagonisten des Konflikts keine übergeordnete, hinreichend mächtige Schiedsinstanz gab. Dies traf gewiss auf das amerikanische Selbstverständnis im Ersten und im Zweiten Weltkrieg zu und mit Abstrichen wohl auch auf die Konflikte in Korea und in Vietnam (so blind auch meine eigene intellektuelle Generation an den konkurrierenden Anspruch der Sowjetunion glauben wollte). Weil diese Interventionen aus der Perspektive nationalamerikanischer Interessen stets hätten unterbleiben können und vor allem weil es natürlich für sie keine höhere Rechtfertigung gab (wer als ein – nicht mehr zu vernehmender – Gott hätte sie denn gewähren sollen?), lösten sie unvermeidlich Spiralen des Ressentiments aus. Vor diesem Potential zur nationalen Tragödie waren die Vereinigten Staaten viele Jahrzehnte lang durch ihre geopolitische Situation und später noch hinreichend durch das Patt des Kalten Krieges geschützt. Im frühen einundzwanzigsten Jahrhundert gelingt es dem protestantischen Geist des Kapitalismus und der Aufklärung offenbar immer weniger, das Unglückspotential unter Kontrolle zu halten. Die Vereinigten Staaten sind auf die Anklagebank der Weltmoral geraten, und es könnte die Zeit gekommen sein, wo das Land eine ohnehin nur noch von ihm bespielte Szene der Weltpolitik räumen muss, um die anschwellende Tragödie der täglichen Todesopfer zu unterbinden. Hier berührt sich die Logik der *Paten*-Trilogie mit der Geschichte von »*America*«. Der Mythos ist hautnah an uns herangekommen.

[2008]

Rückblick

Amerikaner sein

(1)

Vor zehn Jahren ungefähr, an einem zuerst sehr schönen Samstagabend in San Francisco, verstand ich plötzlich, mit erdbebenartiger Wucht und unumkehrbar, dass mein ziemlich bedingungsloser Wunsch, Amerikaner zu sein, nie so in Erfüllung gehen würde, wie ich es mir vorgestellt hatte. Wir waren in North Beach, endlich ohne irgendeine Verabredung, nur wir beide. North Beach, weiß jeder korrekt vorbereitet anreisende Tourist, ist ein besonders schönes Viertel »der Stadt« (*»the city«* muss sagen, wer nicht als Externer auffallen will, »SanFran« allenfalls geht auch, aber nie »San Francisco« oder gottbewahre »Frisco«), North Beach jedenfalls, wo wir gerade geparkt hatten, fühlt sich italoamerikanisch an und hat eine Aura aus der Hippie-Zeit. Ich war entspannt genug, keine Reservierung in einem der vielen, teils lokal berühmten Restaurants gemacht zu haben, und begann das gerade zu bereuen, als uns endlich einer jener Herren mit erkennbar teurem Oberhemd und etwas zu lauter Krawatte, an denen niemand vorbeikommt, einen guten Tisch in einer Viertelstunde anbot. *»OK, in fifteen minutes, promised, right?«*, sagte ich noch gelassen und provozierte damit eine Antwort, die mir direkt ins Herz stach: »Ja, in einer Viertelstunde, wir freuen uns auf Sie.« Und das auf deutsch! Mit dem allerstärksten italienischen Akzent und wohl sogar mit einem Unterton von Häme, der auf mich wie eine gerechte Strafe wirkte, weil ich sein Englisch, als sei ich zum Beispiel in Chicago aufgewachsen, unverständlich hatte finden wollen (oder meinte er vielleicht nur, was fast noch schlimmer war, wir Europäer in diesem Land müssten eisern zusammenhalten?).

Was es auch immer war: Wenn dieser Italiener aus North Beach, das wurde mir sofort und für immer klar, phonetische Gründe hatte, mich durch mein angestrengt amerikanisches Englisch als Deutschen zu identifizieren, und das nach zehn Jahren redlicher Bemühungen meinerseits, dann würde ich eben nie so Amerikaner sein, wie ich es immer angenommen und erträumt hatte. Der entspannt begonnene Abend war dahin, es gab nur noch ausgetrocknete Gedanken und Reaktionen, die alles viel schlimmer machten: dass mir das noch nie mit einer Fremdsprache passiert sei (gewiss eine Illusion, aber sie schmerzte wie die Wahrheit); ausgerechnet Englisch, das doch eigentlich leicht sein müsste für jemanden, der mit Deutsch aufgewachsen ist; dass ich also überhaupt keinen Fortschritt gemacht hätte, seit ich mit sechs oder sieben Jahren Elvis Presleys *Jailhouse Rock* auf *American Forces Network* akzentfrei, sagte jedenfalls ein amerikanischer Patient meines Vaters, hatte mitsingen können. Ich erinnerte mich an den teuren Sprachkurs in einer Schublade zu Hause – Hollywood-Schauspieler, denen man blind vertrauend nachsprechen sollte, auf Empfehlung einer Kollegin gekauft, als die vage Befürchtung zum ersten Mal aufgekommen war, ich könnte immer noch einen Akzent haben; dass es meine Studenten (und nicht wenige Kollegen auch) freundlicher- und fatalerweise eher attraktiv, weil exotisch finden, wenn ich deutsch klinge, zumal bei Gesprächen über Husserl oder Heidegger. Ich fühlte mich wie eine der Gestalten in Kinderbüchern, die irgendwo im Leim oder im Teer kleben bleiben. Und am Ende sah ich vor mir, wie die eine

Hälfte eines Vexierbilds, dessen andere Hälfte ich selbst war, meinen damals gerade über neunzigjährig verstorbenen, sehr bewunderten Kollegen Leo Loewenthal, der mit seinen Chef-Freunden Adorno und Horkheimer in den dreißiger Jahren nach Amerika gekommen war und jedes Wort (»*lunch*« zum Beispiel, wie mit »ö« und »tsch«) so aussprach, als ginge es darum, nicht nur deutsch, sondern unverwechselbar frankfurterisch zu klingen.

Inzwischen verstehe ich längst, eher gefasst, aber immer noch mit einer mulmigen Erinnerung an den Samstagabend in North Beach, dass man gerade im Moment eines solchen Schocks Amerikaner wird, weil bewusst Amerikaner nur sein kann, wer weiß, dass Amerikaner sein nicht vereinbar ist mit dem Gefühl, in irgendeiner Mitte zu sein oder Teil irgendeiner Mehrheit. Jedenfalls versuche ich nach Kräften, mir das einzureden, was immer dann schwierig wird, wenn ich gerade wieder gespürt habe, dass es meinen beiden hier aufgewachsenen Kindern ab und an peinlich ist, wie ich mich ausdrücke, oder dass ich mir falsche Vorstellungen vom Alltag an einer *Senior Highschool* mache. Für meinen Teil finde ich eher eine auch in Deuschland geborene, viel jüngere Kollegin allzu angestrengt, die so perfekt und mit so viel hörbar idiomatischen Wendungen amerikanisches Englisch redet wie eine Nachrichtensprecherin aus Los Angeles (Los Angeles, hat mir einmal jemand gesagt, sei die Stadt des normativen amerikanischen Englisch, das Hannover der Vereinigten Staaten sozusagen) – und natürlich trinkt diese Kollegin nur »*Bourbon straight up*«.

Auch mit meinem geschriebenen Englisch lässt sich nicht viel Staat machen. Die Syntax wirke so, als gehöre sie jemandem, der zu viel Heidegger konsumiert hat, las ich in der Besprechung zu einem neulich erschienenen Buch, und dann hieß es, dass gerade dies einen gewissen Charme meines Stils ausmache – ein Trostpreis wohl. Wenn ich *»we Americans«* sage, dann befürchte ich, dass die Wörter nicht so sitzen wie früher »wir Deutsche«. Ich bin also ein realer Nachfolger jenes fiktionalen Bestattungsunternehmers, der den ersten Satz in der Trilogie *Der Pate* spricht – und zwar mit einem italienischen Akzent, unter dem sich die Balken biegen: *»I believe in America.«* Aber das, will ich mir immer noch einreden, macht es ja gerade aus, Amerikaner zu sein: Wer perfekt spricht und nur Bourbon trinkt, der verfehlt das Wesentliche an unserer amerikanischen Existenz.

(2)

Es war vor fast genau zwanzig Jahren, in der Halle B des Frankfurter Flughafens, dem Postamt gegenüber und unter jener riesigen Anzeigetafel für alle Flüge, die damals noch wie ein mechanischer Blätterwald im Minutentakt rauschte, um auf weitere Flüge zu verweisen, vor zwanzig Jahren wollten wir in der Halle B Abschied nehmen: zwei Erwachsene, ein zum Platzen aufgedrehter Elfjähriger und sein Baby-Bruder in der Tragetasche. Viele Verwandte und Freunde waren nicht gerade gekommen, um sich ein Tränchen abzudrücken und verhalten zu winken. Neben den Eltern und Geschwistern eigentlich nur ein Freund und selbst der ganz überraschend, wohl ohne dass seine Familie davon wusste. Wollte uns niemand vermissen oder traute uns keiner zu, dass wir wirklich bleiben und Amerikaner werden wollten? Ich weiß noch, dass ich kein Verb finden konnte, mit dem ich mich im

Hinblick auf unsere Situation wohl fühlte. »Auswandern«, das klang wie eine große Aktion in einem Hafen, mit Überseekoffern und Rettungsbooten als Hintergrund, eher passend für die zwanziger Jahre; »emigrieren« war zwar genauer und anspruchsvoller, doch auch so, als wollte man sich von den Vertriebenen des Dritten Reiches das tragische Pathos erschleichen, mit Gewalt aus der Heimat entfernt worden zu sein wie menschliches Vieh.

Was das Verlassen des Landes, in dem man geboren ist, für immer historisch verändert hat, ist die Möglichkeit, zum Beispiel von der amerikanischen Ostküste in gut sechs und von der Westküste in gut elf Stunden nach Frankfurt zurückzufliegen – mit etwas Glück und akkumulierter Müdigkeit sogar ganz ausgeschlafen. Nicht nur ist keine Bewegung auf der Weltkarte mehr existentiell unumkehrbar; statt dass wir umziehen wie früher, verschieben wir heute nur noch den Schwerpunkt innerhalb einer wachsenden Zahl von Orten, an denen wir leben. Vor zwanzig Jahren bin ich schon nach den ersten zwei Wochen in Kalifornien zurückgeflogen, um an einem Kolloquium in Marbach teilzunehmen, und habe dann gleich, befürchte ich, ziemlich massiv den Amerikaner gegeben. So sehr muss ich allen auf die Nerven gegangen sein mit meinem Amerikaner-Gehabe, dass es bissige Bemerkungen hagelte für den weder Ausgewanderten noch Emigrierten – und ich hatte ja erst einmal nicht mehr als den Status eines *alien resident* beantragen dürfen, ganz unten auf dem Totempfahl des Einwanderungsrechts. Amerikaner zu sein, so wie man im Schülertheater gerne die eine oder andere Rolle spielt, bemerkte ich, konnte es nicht sein.

(3)

So bald als möglich haben wir alle Schritte auf dem gesetzlichen Weg zum Amerikaner-Sein eingeleitet, aber zum ersten Mal war ich schon neun Jahre zuvor nach Kalifornien gekommen, nach Berkeley, als ziemlich junger Gastprofessor, eigentlich nur als Ersatz eines wirklich prominenten Gastprofessors, der sich gerade in Deutschland für unabkömmlich hielt. Am Abend der Ankunft sah ich aus dem gemieteten Haus hoch über dieser sprichwörtlichsten aller Universitätsstädte die Bay von San Francisco im Dunkel liegen und die *city* selbst (sie so zu nennen, hatte ich schon auf dem Weg von Flugplatz gelernt), und neben ihr, weiter versetzt die Golden Gate Bridge. Gleich am Morgen danach bekam ich auf dem Campus der University of California mein Büro zugewiesen, in einem Gebäude, das »Dwinelle Hall« heißt und bis heute genauso aussieht wie die Nachkriegskasernen der amerikanischen Army in meiner Heimatstadt (Dwinelle stammt tatsächlich aus dem Jahr 1948). In Dwinelle fühlte ich mich zu Hause wie in einem unerfüllten Versprechen der Kindheit, so sehr, dass ich beinahe übersah, wie die anderen, viel schöneren Gebäude auf dem Campus den Stil des Mittelmeers an den Pazifik brachten.

Dabei muss ich alles andere um mich, alles, was nicht Kalifornien war, ganz vergessen haben, selbst meine kleine Familie, die bei mir war, was bald einen Teil der Welt für mich aus den Fugen bringen sollte, definitiv und ziemlich selbstverschuldet, wenn man so sagen kann. Dieser Auftakt jedenfalls war unheimlich stark und blieb der stärkste aller Gründe, Amerikaner zu werden, weil sich eine Unwiderstehlichkeit durchsetzte gegen die etwas schematische Selbstverpflichtung des europäischen Fußsoldaten von 1968, Amerika auf Distanz zu halten. Was war unwiderstehlich? Soweit ich verstehen kann, gab es keine »guten Gründe« für meine Reaktion – aber gerade keine Gründe zu haben macht ja Unwiderstehlichkeit aus. Ich wusste nach bloß ein paar Tagen gewiss, dass ich *dort* leben wollte, um jeden Preis, und war viel zu entschlossen für irgendeinen vernünftigen Gedanken. Dabei kam mir gar nichts perfekt vor in Kalifornien: der alte Volkswagen, den zu mieten wir uns leisten konnten, hatte keine nennenswerten Bremsen mehr; das Essen – außer dem in chinesischen Tüten – war damals in Berkeley noch beinahe so banal und elementar wie bis heute in Texas; ich fühlte mich auch nicht sehr wohl bei der kleinen Vorlesung, die ich auf Französisch halten musste; und die Kollegen luden uns öfter zu Fußwanderungen ein, als mir lieb war.

Aber als mir acht Jahre später die Stanford University noch einmal die Chance gab, für immer nach Kalifornien zu ziehen, wusste ich, dass es unmöglich war, der Sehnsucht ein zweites Mal zu widerstehen. Wir brauchten kaum eineinhalb Stunden auf einer winterlichen Autobahnfahrt, um dies auch gemeinsam zu wollen und festzulegen. Die Sehnsucht gespürt, anerkannt und ihr nachgegeben zu haben war die Hauptsache. Daneben lagen Gründe, die sich begreifen ließen. Dass es Auszeichnung und Chance sei, einer der besten Universitäten der Welt anzugehören, die sich gerade daranzumachen schien, die allerbeste zu werden auf dem damals ausschließlich amerikanischen Parnass des akademischen Lebens. Wichtiger war, denke ich heute, eine tief eingekerbte Erinnerung an die (in meiner Vorstellung ohne Ausnahme schwarzen) GIs, die Väter von vielen der anderen dreiundfünfzig Kinder in meiner ersten Volksschulklasse, wie sie am Tor des Pausenhofs in ihrem offenen Jeep auf uns warteten und natürlich für alle Coca-Cola, *powered milk* und Kaugummi mitgebracht hatten, während wir doch – ein wenig beschämt schon damals, aber vor allem folgsam – die schweigende Anweisung bekommen hatten, mit den Kindern aus dem Waisenhaus nicht zu spielen. Die ohne Begriffe aufgehobene frühe Bewunderung für ein Imperium, dessen Figuren einfach nur freundlich waren, hat alle später aufgesogenen Schübe linker Selbstideologisierung mühelos überlebt, sonst würde ich heute wohl keinen Jeep Wrangler fahren.

Im Imperium zu leben, das ist eine immer noch vage und inzwischen brüchige Gewissheit, brächte mich in die schonungslose Nähe der Wirklichkeit, auch der Gewalt möglicherweise, aber dies jedenfalls ohne Zweifel und Perspektivenwechsel. Vielleicht spüre ich noch das Nachhallen einer Energie und fast jugendlichen Selbstgewissheit aus dem Land, das sich am Ende des Zweiten Weltkriegs plötzlich in der Rolle einer Weltmacht fand, und die besiegten – und zugeich bewunderten – Nationen Europas und Asiens im Ernst und mit Großzügigkeit auf den Weg einer *re-education* bringen wollte. Ich glaube, dass ich dieselbe Energie in Jackson Pollocks Bild-Explosionen und in dem monumentalen Zwielicht der Gemälde von Edward Hopper finden kann. Ist die kraftvolle Wirklichkeit Amerikas inzwischen wie durch einen chronischen Blutverlust vergangen in den Kriegen von Vietnam, Afghanistan und Irak? Wenn diese Furcht kommt, dann sage ich mir, dass ich in Silicon Valley lebe und an der Universität, deren nachhaltiger Einfluss die Kapillaren unserer neuen elektronischen Welt gefüllt hat.

Gerade in der zweiten Hälfte meines Lebens angekommen, wollte ich damals aber auch weit entfernt sein von Deutschland. Ich wollte nicht nur einen neuen Pass bekommen, sondern vor allem meinen alten Pass zurückgeben. Gerne hätte ich zu dem Botschafter oder doch wenigstes dem Konsul meines Vater-Lands gesagt: »Sie haben mich nie gefragt, ob ich Deutscher sein wollte.« Dabei gab es auch nie die Hoffnung, dem Schicksal zu entkommen, als Enkel und Neffe derer geboren zu sein, die den getöteten Juden und Homosexuellen ihre Goldzähne aus dem Mund brachen, bevor sie verbrannt wurden. Bis zu meinem eigenen Tod werde ich mich stellvertretend verantwortlich fühlen, nicht weil ich glaube, dazu durch irgendein Moralgesetz gebunden zu sein oder so ethische Verdienstpunkte sammeln zu können, und noch weniger, weil ich mich je für diese Rolle entschieden hätte. Vielmehr kam es so, jeder weiß das, weil die wirklich Verantwortlichen und ihre entscheidungsschwachen Zeitgenossen uns schon in den ersten Jahren Nachgeborenen gerne eine Schuld haben zufallen lassen, für die sie sich selbst zu gut waren. Einige solcher Gestalten haben mein Leben gekreuzt. Um nur ein Beispiel zu nennen: Als ich zehn Jahre alt war, lud Hitlers gerade aus der Haft in Spandau entlassener Wirtschaftsminister, Herr Funk, meinen Vater, dessen Patient er war, meine Mutter und mich ein, die letzten Tage des alten und die ersten Tage des neuen Jahres in einer weißen Villa bei San Remo zu verbringen. Das waren meine unvergesslichen ersten Ferien im Ausland, und wegen Erinnerungen wie der an Herrn Funk wird mir Deutschland noch lange verwunschen vorkommen. Sie sind der Grund, warum ich die räumliche Distanz etwas (aber keinesfalls vollkommen) erleichternd finde.

Als wir uns damals in der Frankfurter Halle B zum Abflug trafen, machte sich das Land meiner Eltern gerade an seine Wiedervereinigung, die zu versäumen ich keinen Moment bedauert oder begrüßt habe. Das war belanglos geworden für mich, der Nebeneffekt eines Nebeneffekts, während der Pazifik, den ich am ersten kalifornischen Abend gesehen hatte, immer selbstverständlicher der Horizont einer eigenen Heimat ohne Eltern wurde. Inzwischen ist mir klarer als damals, dass nichts an dieser Entscheidung paradigmatisch war und mithin eine »ethische« Dimension hatte (das Wort ethisch kommt mir ohnehin immer zu schwer vor). Keine Nation in der uns bekannten Geschichte hat sich selbst den Momenten ihrer eigenen Schande so schonungslos ausgesetzt, hieß es mit Recht in der *New York Times*, wie die Bundesrepublik Deutschland. Aber mich hat diese Geschichte wegen mancher Zufälle gerade so getroffen, dass ich nie mehr zurück möchte.

(4)

Was ich zuerst empfand und schrieb als *alien resident*, kommt mir heute vor wie die Reaktionen der meisten Gäste aus Europa: Sie wissen schon genau, wie und was Amerika ist, bringen Toleranz und gelegentlich auch die Begeisterung der Gebildeten auf und bedenken ansonsten mit etwas Ironie all das, zum Beispiel die vielen Kirchen in einer Kleinstadt, wodurch sich Amerika von Europa unterscheidet. Einem Universitätsmenschen fällt dies auch deshalb überproportional leicht, weil die große Mehrheit der amerikanischen Kollegen, zumal in den Geisteswissenschaften, ja keinen heißeren Ehrgeiz hat, als sich selbst aus der Perspektive europäischer

Intellektuellenspießer zu sehen und zu geißeln. Dann kam schnell der zweite Golfkrieg und die banale Überraschung anlässlich des durchaus zu Erwartenden, nämlich in einem Land zu leben, das offiziell Krieg führte. Für einige Tage wollte ich darüber mindestens so deprimiert sein wie die Feuilletons in Deutschland und wie meine Kollegen hier, die zum Beispiel als Eilmaßnahme eine Art Workshop über die romantische Ballade »The Charge of the Light Brigade« abhielten, um die Studenten wirkungsvoll gegen allen militärischen Schrecken zu immunisieren – bis dann mein zuerst verhaltenes Staunen über die Häuser, an denen *Stars and Stripes* im Gedenken an unsere Soldaten gehisst waren, in Sympathie umschlug und später sogar in einen ersten Patriotismus ohne Pass und Ahnen im Land. Der 11. September 2001 musste mir also wie ein glühendes Eisen unter die Haut gehen und machte die Haut dünn genug, dass ich fanatisch wurde (mit meinem gerade eineinhalb Jahre alten Pass in der Tasche), fanatisch wie ein fastender Prophet in der Wüste, sobald ich nur die leiseste Kritik an der Wahlheimat witterte. So können sich, befürchte ich, bloß Konvertiten benehmen, wenn sie Apologie in intellektuelle Aggression umkehren, die gnadenlos sein will. Mein legales Amerikaner-Sein wurde anscheinend bald zu einem Exzess im Amerikaner-Sein – obwohl mir selbst, ehrlich gestanden, bis heute nicht klar ist, was denn exzessiv an meinem Verhalten gewesen sein soll. Ich verlasse mich einfach auf die Reaktionen, von denen ich bald umstellt war. Natürlich weiß ich, wie viele Menschen ihr Leben verloren haben, weil die Vereinigten Staaten die Ruhe einer unheimlichen Situation im Irak destabilisiert haben; ich bin beschämt, wenn die Rede auf Guantánamo oder Abu Graib kommt, aber ich halte dagegen, dass es amerikanische Medien waren, die diese Skandale ans Licht gebracht haben. Zu Rande gekommen sind wir Amerikaner damit noch längst nicht. Trotzdem behaupte ich, die historische Gesamtbilanz meines Landes sei außergewöhnlich positiv und das allerletzte Wort über den Krieg im Irak noch nicht gesprochen.

Amerikaner in einem entspannteren Sinn bin ich wohl erst, seit ich Alpträume um die Zukunft meines Landes habe: nicht einfach, dass die Volksrepublik China uns – wie schon im Medaillenspiegel der Olympischen Spiele und wie die Europäische Union im Wirtschaftsvolumen – als führende Weltmacht hinter sich lassen könnte und wird, sondern auch, dass unsere Universitäten ihrer eigenen Entzauberung und Finanzkrise erliegen oder dass unsere Flughäfen bald zu groß sein könnten, wenn niemand mehr nach Amerika kommen will, so wie die schlotternden Sonntagsanzüge von Krebskranken im fortgeschrittenen Stadium. Wer solche Visionen des Schreckens und Verlusts erlebt und das vielleicht sinkende Schiff über Wasser halten möchte, statt in ein Rettungsboot zu springen, der mag am Ende ein gelassener Patriot werden, ganz unabhängig davon, wo seine Ahnen begraben liegen. Anders als jene europäischen Intellektuellen, die den Verdacht des Antiamerikanismus (vielleicht ja zu Recht) von sich weisen, aber unser Land beständig auf einem ethisch-kulturellen Prüfstand halten, so als sei seine Versetzung gefährdet, weiß ich, dass ich hier bleiben möchte, unabhängig von nationalem Erfolg und Status. Freilich könnte es sein, dass das, was mich fasziniert, nur noch der Nachhall einer längst verbrauchten Kraft ist.

Irgendwann, viel später als ich zuzugeben bereit war, habe ich mich auch nicht mehr über die deutschen Medaillen bei der Olympiade gefreut, sondern vor allem und fast ausschließlich über die amerikanischen, und noch ein paar Jahre später ist mir aufgefallen, dass mich die deutschen Medaillen nicht einmal mehr ärgerten. Die meisten amerikanischen Sportfans interessieren sich kaum für den Medaillen-Spiegel, sondern vor allem für die Athleten aus ihrem Heimatstaat. Sie kennen den Begriff einer »Nationalmannschaft« nicht (aus dieser Absenz ergab sich der Begriff des *»dream team«* für die Basketball-Mannschaft der Vereinigten Staaten bei der Olympiade 1992 in Barcelona). Aber was kann daran liegen, die affektive Teilnahme an einem Sportereignis – manchmal jedenfalls – national aufzuladen? Eigentlich hat das Hoffen auf den Sieg der einen und auf die Niederlage der anderen (National-)Mannschaft nichts mit aggressivem Chauvinismus zu tun. Denn es gibt im Sport, wie neulich der große Al Ferguson von Manchester United erklärte, nur drei mögliche Einstellungen: man kann sich mit einer Mannschaft oder einem Sportler »identifizieren«; man kann sie »hassen« und man kann ihnen gegenüber »neutral« bleiben. Eine Mannschaft zu »hassen«, bedeutet dass man sie keinesfalls (vor allem gegen die eigene Mannschaft) gewinnen sehen möchte, und »sich identifizieren« ist das glatte Gegenteil. Trotz meiner neuen Freude über amerikanische Medaillen hielt ich George W. Bush natürlich für einen besonders unzulänglichen Präsidenten, aber weder für Tamerlan noch für Adolf Hitler, so wie ich Barack Obama als Verkörperung von Traditionen und Möglichkeiten bewundere, die ich liebe an meinem Land. Dass ich hingegen einverstanden bin mit jenen Wählern, die meinen, wie man es heute in Deutschland ausdrückt, »dass Frau Merkel einen guten Job macht« (Anspruchsvollere würden sagen: »einen guten Job abliefert«), gehört nicht zur Sache.

(5)

Was ist es nun, da ich seit fast zehn Jahren *citizen* bin, Amerikaner zu sein? Natürlich kann ich nur für mich sprechen, nicht aus irgendeiner Höflichkeit oder gar aus akademischer Vorsicht heraus, sondern weil ich sehr viel Verschiedenes sehe, das sich nicht leicht zu Konturen zusammenfügt. Es mag wie heruntergekommene Romantik klingen, aber das klarste Gefühl, durch das ich Amerikaner bin, ist die Gewissheit, im pazifischen Westen sterben und begraben sein zu wollen. Das ist nicht dasselbe wie die Pläne, die ich mir für mein verbleibendes Leben zurechtlege. Vielmehr habe ich den Wunsch, vielleicht den säkularen Erlösungstraum, dass das, was von mir nach dem Tod bleibt, Teil der Welt an der pazifischen Küste wird. Deshalb wohl rührt mich die Geschichte von Ishi, dem letzten Lebenden einer Nation kalifornischer Ureinwohner, der sich im späten neunzehnten Jahrhundert den Polizisten der anderen Zivilisation ergab, weil er allein nicht mehr überleben konnte, und dann einige Jahre als »Ausstellungsstück« des anthropologischen Museums der University of California in Berkeley verbrachte, bevor er an einer Grippe starb und dort begraben wurde.

Nicht die Vergangenheit meiner Geburt und ihrer Vorgeschichte halten mich hier fest, sondern tatsächlich die Zukunft meines Todes und der Zeit danach. Ich fühle mich zu Hause, als ein Teil dieser mittelgroßen Welt zugehörig, so wie nie im Land meiner Vorfahren und meiner Geburt. Das Licht des kalifornischen Nordens fällt bei jeder Rückkehr vertraut und neu auf meine Augen. Am nicht zu frühen Morgen und am ersten Abend gibt es sich Schleier, in denen noch mehr Helligkeit glänzt und lässt die Formen der Dinge leise zittern. Um die Mitte des Tages ist es ein Licht, das nicht stärker sein könnte, ohne auf der Haut zu brennen. Auch während des Sommers bedecken in den meisten Nächten, weit über die Morgendämmerung hinaus, Wolken den Himmel wie ein festes Dach, das sich vom Ozean über die Landschaft geschoben hat. Erst wenn die Wolken sich zurückgezogen haben über die windschiefen Bäume, über die Felsen vor der Brandung und das Wasser, das immer zu kalt ist zum Schwimmen, ganz abgesehen von den Haien, erst dann wird klar, dass dieser Ozean das Ende ist. Man steht am Ende der einen Hälfte des Planeten, auf der es Land gibt, am Ende der einen Kultur, die wir ungenau »westlich« nennen. Diese Küste ist wilder als jede andere. Sie ist die abweisende Brutalität des allerletzten Endes, aber auch die Gelassenheit des fortgesetzten Augenblicks, welcher keinen nächsten Schritt zulässt. Die Seelöwen und eine Kolonie von vielleicht hundert See-Elefanten schlafen wie Steine im Sand und sind weiß im Licht des Pazifiks. Auf der anderen Seite des Planeten liegt Japan, und wer nach Tokio oder Osaka fliegt, sieht nur Wasser, zwölf Stunden Wasser, und erreicht auf dem Rückflug Kalifornien Stunden früher, als er abgeflogen ist. Das wirkt wie ein schlecht synchronisierter Übergang, wie ein nicht zu verrechnender Rest aus der geometrischen Disziplinierung des Planeten. Mir gefällt sehr die Gewissheit im Zug von Kansai Airport nach Kioto, durch Reisfelder und dann durch die verbauten Vorstädte von Osaka, dass niemand auf uns amerikanischen Passagiere gewartet hat.

Unter dem Licht, welches so regelmäßig kommt, dass man die Ausnahmen vergisst, und in der Wärme, die nie zur Hitze oder Kälte wird, unter einer Decke also, welche angeblich die Jahreszeiten gleichmacht, wie mir damals einmal ein Kalifornien-Spezialist sagte, dem so viel an Pointen lag, dass er keine Nuancen spüren konnte, unter dieser nur scheinbar gleichmachenden Decke ist der pazifische Westen in Wirklichkeit eine Welt der starken Jahreszeiten. Nur im späten Juni, im Juli und im frühen August bleibt die Kälte manchmal aus am Abend beim Baseball, und an solchen Tagen war schon der Spätnachmittag fast so lang wie die neun oder mehr *innings* des Spiels und so lauwarm wie die Hamburger und Hotdogs, die man sich unabhängig vom Spielstand irgendwann kauft. Hingegen inszeniert sich das nie ausbleibende Drama der knapp vier Stunden American Football von der heißen Sonne beim ersten *kick-off* bis zur kühlen Luft der letzten Pässe, bis zu den Triumphen und (für meine Mannschaft eher) Tragödien am Ende und dem Herbstgeruch der Bäume auf dem Heimweg. Und wenn man in den ersten Monaten des Jahres beim Basketball Popcorn in eimerfüllenden Mengen kauft, dann kann der Himmel sehr wohl verhangen sein von Regenwolken. Nie habe ich mich so aufgehoben gefühlt wie hier in dem immer wiederkehrenden Wechsel.

Deshalb möchte ich, dass die Frau mit dem japanischen Gesicht (sie heißt Mai) an der Kasse »*take good care of yourself*« zu mir sagt, wenn ich zahle. Es ist eine Wärme, die ich weder übersetzen noch verdienen kann und die mir nie auf die Nerven gehen wird. Im Ernst liegt der Frau natürlich nicht an meinem Leben, wo käme sie da hin bei so vielen Kunden, und darum klänge es auch wie eine Lüge, wenn sie mehr sagte als eben nur »*take good care*«. Doch daran erinnert zu werden, dass ich mich behüten soll, weil anderen an meinem Leben liegen könnte, ist unbeirrbar schön. Wenn ich dagegen mit denen rede, die alles daransetzen, wie Europäer zu sein, dann ahne ich mit einem Schauder von schlechtem

Gewissen, dass mir der alternativenlose Glaube an die Gerechtigkeit von Steuerprogression, Solidaritätsanmutungen und Pensionsgarantien abhandengekommen ist. Oder vielleicht liegt mir nur einfach nichts mehr daran. Ich bin in einer anderen Welt angekommen, ohne es richtig bemerkt zu haben.

Es gibt bloß zwei Arten von *citizens*. Die als Amerikaner geborenen und wir anderen, die wir uns entschieden haben – aus Notwendigkeit, Vernunft oder Leidenschaft –, *citizens* zu werden. Wir sind aber gerade nicht die Derivatform von *citizenship*. Den hier Geborenen zu sagen, wie John F. Kennedy in jener berühmt gewordenen Ansprache, sie sollten sich eher fragen, was sie für das Land tun können, als was das Land für sie tun kann, heißt, dass die Existenz ihre Formen aus dem Potential einer unbestimmten Zukunft gewinnt und nicht aus den Kristallisierungen oder den Geröllhalden der Vergangenheit. Amerikaner zu sein gibt wenig Garantien, aber – dem Anspruch nach jedenfalls – unbegrenztes Dispositionspotential. *»I believe in America«* heißt bis auf weiteres auch, dass man zwar gerichtliche Urteile und Entscheidungen vom Staat erwarten darf, aber nicht Gerechtigkeit. Dies ist der Glaube, zu dem sich die Einwanderer nicht nur im *Paten* bekennen. Kann man also sagen, dass es für geborene Amerikaner darum geht, so wie die Einwanderer zu werden, während Einwanderer frei von Naturalisierungsdruck sind? Sind wir der »drängende Rand Amerikas«, wie mir ein Freund aus Deutschland neulich schrieb, der gerne in Kalifornien lebt? Tendenziell könnte das hinkommen, aber die Worte sind ein wenig zu prinzipiell und definitiv. Man muss hier selbst zu Rande kommen, darum geht es vor allem, und dass dies möglich sein soll, verspricht die Verfassung: Philosoph sein und mit einer Mormonin verheiratet zum Beispiel; liberal und wertkonservativ; Afroamerikaner und Präsident. Wenn es gelingt, zu Rande zu kommen, dann mag man schon dadurch – als drängender Rand – etwas verändert haben.

(6)

Leo Spitzer und Erich Auerbach, zwei der bedeutendsten Gelehrten in der Geschichte des Fachs, das ich vor allem studiert habe, der Romanischen Philologie, waren aufgrund der politischen Situation nach Januar 1933 gezwungen, Deutschland zu verlassen. Ohne sich je sympathisch zu sein, gelangten sie beide auf dem Umweg über die Türkei (wo Auerbach für viele Jahre der unmittelbare Nachfolger Spitzers war) in die Vereinigten Staaten, Spitzer 1936 und Auerbach erst nach dem Ende des Kriegs. Keinem der beiden hat es unser Land besonders leichtgemacht. Aber beide wurden Professoren an sehr angesehenen Universitäten, in Johns Hopkins und in Yale, beide schrieben hier ihre bedeutendsten Texte, und beide fühlten sich am Ende ihres Lebens unverrückbar als Amerikaner. Wie gesagt waren meine eigenen Gründe, Deutschland zu verlassen, ganz privat und also banal vor dem historischen Hintergrund des Schicksals von Gestalten wie Spitzer und Auerbach. Ich habe mich aber auch nie gefragt, ob ich die von ihnen begründete intellektuelle Tradition an einer amerikanischen Universität aufnehmen und fortführen wollte – so oft mir das auch (wohl freundlicherweise) unterstellt worden ist. Nur darin trifft sich mein Leben mit Spitzers und Auerbachs Leben, dass ich dankbar bin für die unbeugbare bürokratische Normalität, mit der dieses Land Immigranten aufnimmt und zu normalen Bürgern macht.

Ansonsten ähnelt meine eigene Geschichte wohl eher der Geschichte einer Vorfahrin aus der Rhön, die sich nach Amerika einschiffte, um auf der Weltausstellung 1904 in Saint Louis als Kellnerin im deutschen Pavillon zu arbeiten (nicht besonders originell, stelle ich mir sie Bierkrüge stemmend und vollbusig vor). Sie ist nie mehr zurückgekommen und hat auch keinerlei schriftliche Spuren oder gar Erklärungen hinterlassen, so dass niemand weiß, was aus ihr geworden ist. Der Weg von Europa nach Amerika (nicht nur der nach Nordamerika wohl) war schon immer und ist weiterhin vor allem eine Einbahnstraße, sosehr sich die Motivationen für den Aufbruch und die Chancen, die das Leben hier bietet, im Lauf der Zeit verändert haben, und obwohl der europäische Blick über den Atlantik selten anders als herablassend oder sarkastisch war. »Was der Teufel ist mir widerfahren, habe ich etwas Vergiftetes gegessen? Hab ich das fliegende Fieber?« fragte 1916 sehr dramatisch ein Arthur Holitscher in seinem Buch *Das amerikanische Gesicht*, um dann gleich zu antworten: »Ich bin einfach in Chicago angelangt, der schrecklichsten Stadt des Erdballs.« Aber die prominenten wie die namenlosen Europäer sind fast immer in Chicago, New York oder Saint Louis geblieben, während T. S. Eliot und Ezra Pound, Gertrude Stein und Josephine Baker wohl eher die eminenten amerikanischenAusnahmefälle sind.

(7)

Die letzten Seiten dieses Textes schreibe ich auf einer Vortragsreise in Brasilien, die in Ouro Preto begann. Ouro Preto ist eine Stadt von heute weniger als hunderttausend Einwohnern, die im siebzehnten Jahrhundert *Vila Rica* hieß und wahrscheinlich die größte Stadt des Kontinents war, weil dort, tief im Land, Edelsteine und Gold (*»ouro preto«* heißt »schwarzes Gold«) fast auf der Oberfläche der roten Erde zu finden waren. Heute lebt Ouro Preto gut von einem ruhigen Strom gebildeter Touristen, ohne in Museumsstarre verfallen zu sein. Als ich meine Rechnung an der Rezeption der gepflegten Pension bezahle, erklärt mir die junge Empfangsdame in aller Ausführlichkeit und beinahe engagiert, wie sehr sie meine Entscheidung bedauere, trotz eines deutschen Namens einen amerikanischen Pass zu haben. Nach Deutschland habe sie schon immer reisen wollen, da gebe es viel große Kultur, während die Vereinigten Staaten ja überhaupt nicht in Frage kämen, die seien bestenfalls ein Disneyland. Ich gebe ihr irgendeinen müden, schon vorweg resignierten Einwand und frage ebenso höflich wie passiv-aggressiv, ob sie denn so auch mit Gästen aus anderen Ländern rede. »Aber Sie sind doch eigentlich Deutscher, oder?« antwortet sie unbeirrt. Vor allem in Südamerika wiederholen sich solche Gespräche beständig. Selbst Argentinier und Brasilianer, die sonst über alles in der Welt miteinander streiten können, schimpfen Hand in Hand über die Vereinigten Staaten. Ich habe mir längst eine eigene Form der paranoiden Erklärung zurechtgelegt: Auf dem südlichen Teil des Kontinents werden für allen Ärger, von Staus auf den Straßen der Hauptstädte über Regierungskrisen bis zu Naturkatastrophen, stets die *gringos* verantwortlich gemacht, was wie eine schillernde Klammer die eigenen, seit dem neunzehnten Jahrhundert angestaubten Patriotismen erstaunlich frisch hält. Der Mechanismus ist ebenso plausibel wie harmlos, und ich würde auch nie abstreiten, dass amerikanische Touristen im Durchschnitt besonders naiv und inflexibel wirken können. Aber es macht mich melancholisch, wenn alle Süd- und Mittelamerikaner (und inzwischen auch die Kanadier) deshalb untereinander zu Freunden werden, weil sie uns »Amerikaner« für so dumm halten.

Weil ich dagegen nichts ausrichten kann, wittere ich Antiamerikanismus überall, bei hinreichend schlechter Laune selbst in der eigenen Familie (und noch während ich diesen Satz schreibe, denke ich, es sei eine unnütze, opportunistische Konzession, mich paranoid zu nennen – und werde also zum Protagonisten des allenthalben bekannten Paranoia-Witzes). Wohl fühlen kann man sich mit einem amerikanischen Pass heute nur im United Kingdom, nicht weil es dort eine besondere historische Sympathie oder gar eine militärpolitische Solidarität gäbe, sondern weil die Vereinigten Staaten zwischen London und Glasgow als ein Land wie jedes andere wahrgenommen werden (mit Ausnahme des dort wenig beliebten Deutschland vielleicht). Und für eine Mehrheit meiner Landsleute bleibt Großbritannien, wenn sie einmal das Kapitel des Unabhängigkeitskrieges hinter sich gebracht haben, die eine wirklich bewunderte und oft sogar geliebte andere Nation. Nichts zählt für die Kollegen so sehr wie eine Einladung nach Oxbridge, und selbst mein Freund Bliss Carnochan, dessen Familie während des siebzehnten Jahrhunderts in die nordamerikanische Kolonie ausgewandert war und später mehrere Gouverneure für zwei amerikanische Staaten stellte, entdeckt gerne schottische Züge an sich.

Doch das sind, zwischen Ouro Preto und Aberdeen, bloß Identitätsgeplänkel im Vergleich zu dem Gefühl, dass ich ein Landsmann der schwarzen Amerikaner geworden bin. Es ist eine Sache, sich Josephine Baker, Jesse Owens, Malcom X und Michael Jordan als Helden verschiedener Vergangenheiten erkoren zu haben, und dieselbe und zugleich eine ganz andere Sache, zu jener Gesellschaft zu gehören, deren Gefängnisse vor allem mit schwarzen Männern überfüllt sind. Durch diese Ambivalenz verläuft schmerzhaft die *color line*, die noch in dem höflichsten und freundlichsten Gespräch zwischen schwarzen und weißen Amerikanern gegenständlich und spürbar präsent ist. Es ist nicht genug, in den meisten unserer Beziehungen keine Vorurteile zu haben oder zu unterstellen, dass Afroamerikaner immer ganz besonders freundlich und talentiert seien. Nichts ist genug und alles ist zu viel, denn ein einfaches Verhältnis, wie man naiv in Europa glaubt und etwas zu nationalstolz in Brasilien behauptet, gibt es wohl gar nicht.

Hingegen zu glauben, dass Afroamerikaner im Regelfall lieber zu einer anderen Nation gehören möchten, ist eine Legitimationsphantasie des Antiamerikanismus. Die meisten Afroamerikaner sind patriotische Bürger der Vereinigten Staaten, die durch eine Tradition von Leid und Zurücksetzung stärker als durch eine Geschichte von Erfolg und Fortschritt an das Land gebunden sind. Ein Weißer, der sich entscheidet, Amerikaner zu werden, übernimmt unvermeidlich auch diese Geschichte von Leid und Zurücksetzung und ihre nachgezogene Scheide-Linie. Es bleibt ein Symptom des hilflosen guten Willens, wenn ich mich besonders über die gute Seminararbeit eines afroamerikanischen Studenten freue und einen ganz besonders freundlichen Ton mit den Eltern der afroamerikanischen Football-Stars unserer Mannschaft finden möchte, neben denen ich im Stadion der Universität sitze. Kein komplizierteres, kein hartnäckigeres und ich fürchte: kein kurz- oder mittelfristig weniger lösbares Problem habe ich mit meinem neuen Pass erworben.

(8)

Sollten Sie je die Gelegenheit haben, mit United Airlines zu fliegen, werden Sie erstaunt sein zu erleben, wie alt und wenig überholt Flugzeuge sein können, die Sie ganz sicher, das heißt, über mehrere Jahrzehnte und mit kaum irgendwelchen Unfällen, ans Ziel bringen – und ebenso wird es Sie beeindrucken, wie in diesem von den Angestellten selbst verwalteten Unternehmen die Tendenz gänzlich und wohl für immer gebrochen ist, Flugbegleiter und Flugbegleiterinnen nach Jugend und Schönheit auszuwählen. Mein Geheimtip und meine Bitte ist aber, dass Sie sich auf eine Broschüre konzentrieren, die Sie neben dem typischen Luftlinien-Magazin *Hemispheres* in der Tasche auf der Rückseite des Sitzes vor Ihnen finden: sie heißt *SkyMall*. Als eine Art von Versandhaus-Katalog, der sich für die doch oft sehr langen Flugstunden anbietet, ist *SkyMall* der direkteste mir bekannte Weg zum Herzen durchschnittlicher Amerikaner. Hier werden Produkte angeboten – und die Langlebigkeit dieses Periodikums zeigt: mit großem Verkaufserfolg –, die man sich nie vorstellen könnte, wenn man sie nicht gedruckt vor sich sähe. Mein Lieblingsstück in der *SkyMall*-Ausgabe für den Sommer 2009 sind die zwei symmetrischen Hälften eines Hischgeweihs aus Plastik, die den Kraftfahrzeugen ihrer Käufer »ein wild-natürliches Aussehen geben« sollen. Viel Aufmerksamkeit wird neben dem Wild auch den Haustieren gewidmet, für die Treppen zum Bett der Besitzer oder mit den Pfoten zu bedienende Hausklingeln angeboten werden. Nichts geht über eine erfolgreiche Grillparty, die der Kunde mit Mixern aller Größen und Farben, mit enormen Wannen für die kühl zu haltenden Bierflaschen und automatischen Trinkwasserspendern bestreiten kann, neben einem vielfarbig leuchtenden Brunnen, einer japanischen Brücke, die über den unvermeidlichen Pool hilft, und vielleicht sogar zwischen stark verkleinerten Kopien der sattsam bekannten breitlippigen Osterinsel-Statuen. Allein das aus vollkommener Sauberkeit und Ordnung der eigenen vier Wände erwachsende Glück mag für manche selbst die Freude an einer solchen Einladung überbieten: Deshalb findet man gar manche Variante ferngesteuerter Staubsauger, Mopps an beinahe stratosphärisch zu verlängernden Stangen, die noch der fernsten Spinnwebe den Garaus machen, vielerlei elegant verborgene Mülleimer und, sich ganz offenbar rasch steigender Beliebtheit erfreuend, allerlei schöne, manchmal sogar farbig bestickte Futterale für die elektronische Ausrüstung vom Laptop bis zum iPhone.

Wenn es etwas Besonderes gibt an der mittleren amerikanischen Mittelklasse im frühen einundzwanzigsten Jahrhundert, dann ist es wohl ihre Freiheit von jeglicher Art kulturellen oder ästhetischen Ehrgeizes zugunsten körperlicher Bequemlichkeit, zugunsten eines oft zu kindlichen Exzessen tendierenden Vergnügens und zugunsten des puritanischen Traums (eher als der erfüllten Wirklichkeit) von vollkommener Hygiene. Sollte es überhaupt irgendeinen klassenspezifischen Ehrgeiz geben, dann ist es allein der, von karitativen Eingriffen des Staates, das heißt, von Steuergeldern der anderen ganz und gar unabhängig zu sein. Vielleicht hat diese Lebensform nur in den Vereinigten Staaten überlebt und ist nun hier an ihr historisches und geographisches Ende gekommen.

Es sind aber gerade die von Intellektuellen stets verlachten und als Landsleute verleugneten Amerikaner, die »*take care*« sagen und die Stunden um Stunden ihrer eigenen Zeit zu verschenken nicht zögern, wenn der Keller des Nachbarhauses nach einem Rohrbruch überflutet ist, weil sie (seit den Tagen des Wilden Westens wohl) nichts mehr begeistern kann als Notfälle mit Katastrophenalarm. Sie sind mir sehr fremd, wie sie in ausgebeulten Trainingshosen an der Kasse des Supermarkts warten, und ihre Gesten haben nichts von der Anmut und der Attraktivität vieler Afroamerikaner. Aber ich will diese Landsleute nicht von meinem eigenen prekären Amerikaner-Sein distanzieren. Heißt das, sagt eine Freundin, dass ich den letzten Rest kritischer Vernunft meinem späten Patriotismus – ausgerechnet dem Patriotismus – opfere? Vielleicht tatsächlich nicht, denn ich denke, dass ich mich nicht an meiner gewählten Nation bedienen kann wie am Regal des Supermarkts. Stanford ja und das pazifische Licht auch, aber doch gewiss nicht die Fundamentalisten aus South Carolina? Wenigstens will ich sehen, ob die Fundamentalisten etwas haben, das mich beeindrucken und bewegen könnte, bevor ich mich bloß überlegen fühle. Natürlich kann man es sich einfacher machen mit einem neuen Land, und manche würden sagen, diese Ernsthaftigkeit sei besonders deutsch. Vielleicht hat es sich meine Ahnin ja einfach gemacht, als sie nach ihrer Anstellung in Saint Louis verschwunden ist. Ich bin anscheinend nicht unter so einer Konstellation geboren.

Manchmal lehnte sich einer dieser normalen Amerikaner gegen die Lebensform auf, die ihm aufgegeben war, wie Rodolfo Valentino und Josephine Baker in den zwanziger Jahren oder wie der junge Lastwagenfahrer Elvis Presley dreißig Jahre später. Doch am Ende holten Mittelmäßigkeit und der Terror des gutes Gewissens die Erotik seiner schwingenden Hüften ein – und so sang Elvis bald nach *Hound Dog* und *Jailhouse Rock* für die *SkyMall*-Amerikaner das sehr traurige Lied vom treuen Hund, der eingeschläfert werden muss. Allerdings kann der Text dieses Lieds zweiunddreißig Jahre nach dem Tod von Elvis Presley der bewegenden Wärme seiner Stimme nichts anhaben, von der alle Welt sagt, sie habe die Musikalität einer afroamerikanischen Stimme gehabt – was nur bedeuten kann: in ihr sei erlebtes Leid zu Schönheit geworden. Es war die ebenso unmerklich wie gnadenlos sich anbahnende Rückkehr zur normalen Welt (und zugleich die Unmöglichkeit dieser Rückkehr), die Elvis umbrachte: Mit Drogen und Alkohol konnte er sich nur für eine Zeit aus der seiner Existenz neuerlich auferlegten Enge helfen.

Vor knapp zwei Jahren entschied sich eine junge Frau im dritten der vier College-Jahre für eines meiner Seminare und beeindruckte ihre Kommilitonen und mich von der ersten Sitzung an mit einer kaum vorstellbaren Breite an Wissen, geschliffen-aphoristischen Formulierungen und ihrer unwiderstehlichen intellektuellen Energie. Weil ihre Eltern aus Mexiko eingewandert sind, hielten es meine immer zu gutwilligen Kollegen (und ich teile ja diese Tendenz mit ihnen!) für ausgemacht, dass sich Elia in ihren letzten beiden Studienjahren auf Identitätsprobleme der Latina-Kultur konzentrieren würde. Doch Elia hat viel Größeres vor mit ihrer Zukunft. Sie möchte sich um die Zulassung zu einer der prominenten *law schools* bewerben, was ihr als ehemaliger Stipendiatin der legendären Privatschule von Andover und mit ihrem brillanten Stanford-Abschluss sicher gelingen wird. Und dann, warum nicht, möchte sie Bundesrichterin werden und die Nation auf Trab halten. Einigen Studenten wie Elia, einigen der Protagonistinnen neuer Generationen Philosophie und Literatur schmackhaft zu machen (ohne den ja ohnehin nie überzeugenden Verweis auf den angeblichen Marktwert von Philosophie und Literatur), das ist eine Investition in die Zukunft des Landes, das ich für mich und für meine Familie gewählt habe. Nichts Außergewöhnliches im Leben eines Professors, aber wer sagt denn, dass man dauernd Außergewöhnliches zeigen muss, um Amerikaner zu bleiben?

[2009]

Grüße

von weit her – und dazu gehört unbestreitbar das westliche Ende der Welt, weil niemand je behauptet hat, es läge in einer Mitte – Grüße von weit her verschickte man früher auf Postkarten, in deren weichen Oberfläche sich die Hand-Schrift des Reisenden einprägte. Inzwischen hat elektronische Kommunikation diese Art materiellen Kontakts aus der Ferne so gnadenlos aufgesogen, dass es selbst an den beliebtesten Touristenzielen nicht mehr selbstverständlich ist, Postkarten und Briefmarken zu finden, während die Gewissheit (oder mittlerweile: die Wahrscheinlichkeit) ihrer Zustellung nur noch rascher schwindet. Deshalb will ich die Chance nutzen, zwischen Postkarte und e-mail gedruckte Grüße an einige (Lebende und inzwischen Gestorbene) zu schicken, die mir geholfen haben, Amerikaner zu werden und darüber zu schreiben:

nach Witten, Valencia und Barcelona an Sara, die auf Anrufe, Postkarten und Briefe gewartet hat, zwanzig Jahre lang, statt mich aufzugeben;

über die Bay von San Francisco nach Berkeley, an Joe Duggan, der mich nach Kalifornien ins Mittelalter kommen ließ, an Tony Kaes, der nie die Geduld mit mir verlor, und an Yakov Malkiel, der mich überraschend zum Abendessen einlud;

über die Gänge von Pigott Hall und die Main Quad in Stanford (und weiter) an John Bender, der für uns da war in den ersten Tagen, an David Wellbery, den Freund, der sich die Dinge anders vorgestellt hätte, an Ted Anderssen für die ersten Alltage, an Russel Berman für viele Jahre herzlicher Divergenzen (noch bevor die Konvergenzen überhand nehmen), an Mai und Yolanda für Softdrinks und Sandwiches, an Gerhard Casper und Condoleezza Rice für die allerbesten Jahre, und an Governor Leland Stanford und seinen Sohn Leland jr. für nachhaltiges finanzielles Engagement;

über den Atlantik an ein kleines Gruppenbild in der Halle B des Frankfurter Flughafens, das in Erinnerung geblieben ist: an Hilde und Edi, die sich für einen Tag auf die Autobahn einließen, an Hanni, Thea und Evi, die nichts gegen unsere Abreise hatten, und an Juanjo, der gerade noch rechtzeitig kam;

an Ricky, Marco und Chris, hier und dort, die genug Vertrauen hatten, um mitzufliegen, und an Laura, die erste Amerikanerin im Haus;

in alle Himmelsrichtungen an geneigte Leser und freundliche Kritiker: an Kurt Scheel in Berlin und an Karl Heinz Bohrer in London; an Larissa Rabe, Tatjana Michaelis und Michel Krüger in München; an Henning Ritter (meistens in Berlin), der grünes Licht gab, an Christine Abbt in Zürich, Andrea Bachner in Cleveland, Luiz Costa Lima in Rio de Janeiro, Dan Diner in Leipzig und Jerusalem, Charitini Douvaldzi in San Francisco, an Sonja Fielitz in München, Florian Klinger in Stanford, David Marno in Stanford, Arbogast Schmitt in Marburg, Jan Söffner in Berlin, Miguel Tamen in Lissabon und Chicago und an Lorenz Jäger in Frankfurt, der vor zu vielen Danksagungen warnte;

vor allem an Clara in Neuburg an der Donau, die kaum einen Tag alt war, als wir den ersten schwarzen Präsidenten unserer Geschichte wählten: ich warte und freue mich auf Deinen ersten Besuch.

Textnachweis

Pazifischer Existentialismus erschien als California Graffiti (I) im Merkur 552 (1995), S. 262–267.

Flüchtiges Imperium erschien als California Graffiti (II) im Merkur 555 (1995), S. 555–559.

Nationales Trauma erschien als California Graffiti (III) im Merkur 559 (1995), S. 1065–1069.

Fröhliche Hygiene erschien als California Graffiti (IV) im Merkur 564 (1996), S. 269–273.

Gewicht der Vergangenheit erschien als Berkeley/Telegraph Avenue oder: Das Rothenburg von 1968 im Merkur 528 (1993), S. 267–270.

Tragikomödie der Affirmation erschien als California Graffiti (V) im Merkur 568 (1996), S. 637–642.

Preise des guten Gewissens erschien als California Graffiti (VI) im Merkur 572 (1996), S. 1069–1075.

Kalifornien – »Land of the Free« erschien als Land of the Free. Neun kalifornische Bilder mit mehreren Toden in Internationale Politik, März 2009, S. 36–43.

Demokratische Aristokratie erschien in Kursbuch 150 (Dezember 2002), S. 159–167.

Amerika, wie es lacht erschien im Merkur 641/642 (2002), S. 821–832.

Edward Hoppers Zwielicht erschien als Die schöne Verzweiflung des Übergangs in Literaturen (März 2002), S. 44–50.

American Football am Freitagabend erschien als Americana (I) im Merkur 695 (2007), S. 275–279.

First Presbyterian Church am Ostermorgen erschien als Americana (II) im Merkur 699 (2007), S. 643–647.

Im Trailer leben erschien als Americana (III) im Merkur 703 (2007), S. 1180–1184.

Alle Texte wurden für die vorliegende Neuausgabe überarbeitet.